HANNA AHRENS

SCHENK MIR EINEN EINEN REGENBOGEN

Sammelband

BRUNNEN
Verlag GmbH · Giessen

Dieses Buch ist eine Sonderausgabe der beiden Titel von Hanna Ahrens: „Schenk mir einen Regenbogen" und „Worte, die den Tag verändern".

© 2018 Brunnen Verlag Gießen
Lektorat: Eva-Maria Busch
Umschlagfoto: Shutterstock
Umschlaggestaltung: Jonathan Maul
Satz: DTP Brunnen
Druck: GGP Media GmbH, Pößneck
ISBN 978-3-7655-0671-0
www.brunnen-verlag.de

Inhalt

Schenk mir einen Regenbogen

Inhalt

Worte,
die den Tag verändern

Schenk mir einen Regenbogen

Für Johannes, Susanne,
Micha und Isabelle.

Ihretwegen konnte ich dieses Buch kaum schreiben,
aber ohne sie erst recht nicht.

Zu diesem Buch

Als wir von der Autobahn abfuhren und fast wieder zu Hause waren, sagte Isabelle (4): „Mammie?? … Schenkst du mir einen Regenbogen?"

„Einen Regenbogen? Das kann ich nicht!"

„Doch, bitte! Der war so schön vorhin! Wie eine große Brücke. Kann ich darauf laufen?"

„Nein, das geht nicht."

„Schade!"

„Ja."

„Sonst könnte ich in den Himmel laufen."

„Möchtest du das denn?"

„Ja, mal sehen, wie es da oben ist. Einmal möchte ich den Gott sehen und dann wieder runter."

„Warum?"

„Weil … ich weiß nicht … wenn ich Geburtstag habe und du Kuchen backst … einen Backofen haben die da bestimmt nicht."

Ein Regenbogen wäre schön.

Micha (6), für den nichts unmöglich ist, sagt: „Ich kann einen machen, einen Regenbogen!"

„Wie denn?"

„Mit dem Gartenschlauch von unserm Nachbarn. Einfach gegen die Sonne halten und spritzen."

„Ja, aber das ist kein richtiger."

„Nein, aber machen kann ich ihn."

In Kopenhagen finde ich einen Vorhangstoff mit einem Regenbogen darauf. Ich kaufe einen Meter und nähe Isabelle ein Kleid.

Da sagt im Kindergarten ein Kind zu seiner Mutter: „Guck mal, das ist das Mädchen mit dem Regenbogenkleid." Isabelle hat ihren Regenbogen. Das Kleid ist bald zu klein. Aber der

Regenbogen? Ich möchte, dass sie ihn behält und immer wieder sieht. Einen richtigen Regenbogen, so wie sie ihn eigentlich wollte.

Kinder erwarten Unmögliches von ihrer Mutter. Ihre Erwartungen, Ansprüche und Fragen sind unerschöpflich. Aber meine Kraft ist schnell erschöpft. Ich kann dem nur standhalten, wenn auch ich immer wieder bitte: „Schenk mir einen Regenbogen!", damit auch ich weiß, wie Gott aussieht; damit ich etwas sehe von seiner Liebe und Güte in den tausend kleinen Dingen des Alltags.

Gott hat gesagt: „Ich stelle meinen Bogen in die Wolken, ein Zeichen des Bundes zwischen mir und euch" (1. Mose 9,13). Da, wo der Regenbogen endet, berührt er die Erde – so scheint es.

Ich möchte – mitten im Alltag – immer wieder an der Stelle sein, wo Himmel und Erde sich berühren, wo Gott mit mir redet und ich mit ihm.

„Schenk mir, dass ich in dem, was ich sehe, Dich erkenne. Begegne Du mir in den Menschen und Ereignissen des Tages. Ich fordere kein Zeichen, dass es Dich gibt, aber ich bitte: Lass mich etwas sehen von Deiner Herrlichkeit, und lass mich in Deinem Wort etwas hören, das mich tröstet und mir so viel Kraft gibt, dass der Alltag nicht alltäglich wird. Rede Du immer wieder mit mir, weil ich so schnell vergesse. – Schenk mir einen Regenbogen."

Erstes Kapitel

Ein Tag ohne Liebe ist umsonst

Ein Kapitel braucht einen Anfang. Besonders das erste. Aber mir fällt kein Anfang ein. Ich frage meine Kinder. Micha sagt: „Ich weiß gar nicht, warum du überhaupt Bücher schreibst?"

Nach dieser „Ermutigung" gehe ich zu meinen Nachbarn. Sie haben auch keine Idee, leider!

Mein Mann kommt aus seinem Zimmer. „Einen Anfang brauchst du?"

„Ja, eine Einleitung!"

„Mm, ich bin grade so erschöpft, weißt du ... so auf Anhieb ..."

Da fällt die Haustür zu. „Mammie???"

„Ja?"

„Mammie, ich hab' eine neue Freundin!", ruft Isabelle und singt.

„Wie schön! Wie heißt sie denn?"

„Weiß ich nicht! Aber sie ist nett und findet mich auch nett!"

„Was hat sie denn gesagt?"

„Weiß ich nicht, sie redet Englisch!"

Verständigung macht glücklich und geschieht auch ohne Worte. Trotzdem brauchen wir es, dass einer sagt: Ich hab' dich gern! Wir brauchen Zuwendung und Liebe, jemanden, der uns zuhört. Besonders Micha hat darin einen Bedarf, für den eine Mutter kaum ausreicht.

Ein Tag ohne Liebe ist umsonst – für die Kinder und auch für uns. Aber es gibt solche Tage. Ich bin enttäuscht und mutlos. Die Kinder sind nicht so, wie ich sie gern hätte: nicht so begabt und liebenswürdig. Sie sind mürrisch und mühsam. Ich komme an die Grenze meiner Geduld und schreie sie an. Später sage ich, weil es mir leidtut: „Entschuldigt bitte, dass ich …"

Micha unterbricht mich: „Macht nichts, Mammie, tue ich auch manchmal! Mammie?? Kaufst du mir ein Paar Fußballschuhe?"

Eigentlich waren wir drei

Auch ich brauche Zuwendung und Aufmerksamkeit, aber ich sage es nicht – im Unterschied zu Micha. Auf dem Rückweg von der Turnhalle hatte er sich im Dunkeln den Fuß verstaucht. Susanne stützte ihn. Mit großem Gejammer kommt er zur Tür herein. Wir laufen hin. Micha humpelt und lamentiert. Susi erklärt. Theo versorgt ihn mit Salbe und elastischer Binde. Der Patient ist von jeder Mithilfe im Haushalt befreit: kein Aufräumen oder Tischdecken. Er kann nur fernsehen und Kekse essen.

Auch am nächsten Morgen kann er sich nicht allein anziehen. „Na, mein Fuß", erinnert er uns. Ich ziehe ihn an. Er ist glücklich. Der Kniestrumpf geht nicht über den Fuß, er muss Isabelles Bettschuhe anziehen. Neuer Sieg!

Nach dem Frühstück („Möchtest du noch mehr Kakao?" „Ja, bitte!") sagt Micha: „Mammie, schade, dass ich keinen Gips habe! Dann könnten wir etwas draufschreiben!"

„Ja, was wolltest du denn schreiben?"

Ein wenig verlegen lächelt er mich an: „Mein Mitschi ist krank!"

„Ja, schade!"

Nach einer Weile: „Soll ich die Binde abnehmen?"

„Nein, warum?"

„Damit ich Rollschuh laufen kann!"

„Tut es denn nicht mehr weh?"

„Nein!"

Der Fuß heilte schneller, als ihm lieb war. Und noch schlimmer: Seine Schwester wurde tatsächlich krank.

Isabelle hatte Mittelohrentzündung und Lungenentzündung gleichzeitig. Ich war gerade verreist. Als ich nach anderthalb Tagen zurückkam, hatte sie immer noch Fieber. Abends beteten wir darum, dass Gott sie gesund machen möchte.

Da sagt Micha: „So gut geht es mir aber auch nicht!"

„Ach?"

„Wo ich zwei Tage nicht gebadet habe."

„War es so schlimm, dass ich weg war?"

„Ja."

Verlassenheit, wo ich sie nicht vermutete. Eine Angst, verlassen zu werden, die bis in den Himmel reicht, aber auch eine Geborgenheit, die wie ein Wunder erscheint.

Isabelle hatte einen ihrer Trotzanfälle. „Ich will meinen Schlafanzug nicht holen!"

„Das brauchst du auch nicht!"

„Du sollst ihn holen!"

„Nein."

In dieser Situation legt Micha seinen Kopf auf meinen Schoß und sagt: „Ich bin froh, dass du noch lebst! Mammie?? Stirbst du bald?"

„Hast du Angst, dass ich bald sterbe?"

„Ja. Ich möchte nämlich, dass wir zusammen in den Himmel kommen, damit ich dich da oben nicht verliere!"

Ich sage ihm, dass im Himmel alles ganz anders sein wird, aber so, dass wir uns nicht verlieren.

Wenn Micha dagegen früher aus der Schule kommt und wir uns verspätet haben, sitzt er geduldig vor der Haustür. Er strahlt, als wir kommen. Weil er uns leidtut, sagen wir: „Ach Micha, du hier ganz allein …"

„Ich war nicht allein! Ich habe mich mit Tipsy (unser Dackel) unterhalten!"

„Tipsy ist doch im Haus!"

„Ja, durch den Briefschlitz!"

„Ach, gut, dann wart ihr ja zu zweit!"

„Ja, aber eigentlich waren wir drei."

„Drei?"

„Ja, der liebe Gott ist doch auch immer da, wo ich bin."

Warum solltest du nervös sein?

Ich weiß: Wichtiger als vieles andere ist es, mit den Kindern zu reden. Bei uns ist es eigentlich umgekehrt. Die Kinder reden den ganzen Tag mit mir. Wie sehne ich mich danach, dass mich für eine halbe Stunde einmal niemand anspricht! Dass niemand sagt:

„Mammie? Meine Hose rutscht, wann machst du endlich Gummi rein? Mammie? Spielst du jetzt mit mir?"

Trotzdem, ich könnte ja auch einmal das Gespräch eröffnen! Um von Gummiband und Mensch-ärger-dich-nicht-Spielen abzulenken, frage ich ganz unvermittelt: „Was ist euch eigentlich wichtig an unserem Zusammenleben?"

Susanne (10), die Empfindsame, auf Frieden Angewiesene, sagt ohne Zögern: „Dass wir uns gut vertragen! Du kannst ruhig mal schimpfen, aber nicht dauernd an uns herummeckern. Und dass du zu Hause bist und mit uns spielst und dich interessierst für das, was wir machen. Dass du Versprechen hältst … aber das tust du ja."

„Nee", sagt Micha, „mir ist wichtig, dass du meinen Schrank aufräumst, weil ich mein Spielzeug sonst nicht finde."

„Mm, ist es nicht auch wichtig, dass eine Mutter nicht nervös ist?", frage ich.

„Warum solltest du nervös sein?", sagt Micha. Er hat recht. Wenn unsere vier Kinder zusammen mit ihren drei Freunden im Haus Rollschuh laufen, kann ich mich ja in die Badewanne zurückziehen. Aber was mache ich, wenn dann gerade das Telefon klingelt?

Wir reden oft miteinander. Wenn wir am Tisch sitzen oder zusammen im Auto fahren. In der Innenstadt, wo der Verkehr am dichtesten ist, und ich auch ohne Kinder schon vor Angst schwitze, fragt Isabelle: „Mammie? Wie wird eigentlich Käse gemacht?"

„Ich erklär' es dir später! – Also, aus Milch! Die Milch wird stehen gelassen, dann wird sie sauer und ..."

„Ja, aber wie wird Milch gemacht?"

„Milch wird nicht gemacht, die haben die Kühe doch im Euter."

„Aber ich meine, wie kommt die Milch in die Kühe rein?"

„Isabelle, das besprechen wir zu Hause."

Wer hat die Watte an den Zweig geklebt?

So fragt Isabelle, als sie meinen Baumwollstängel sieht, den Yinling mir gestern schenkte. Ich räume das Frühstücksgeschirr weg und sage ohne aufzusehen: „Das ist Baumwolle; sie ist so am Zweig gewachsen. In den Baumwollbällchen ist die Saat, die der Wind dann über die Erde weht – wie beim Löwenzahn –, und wo sie hinfällt, wächst dann eine neue Pflanze."

„Ja. Aber hier ist ja kein Wind und keine Erde."

„Nein, hier im Haus müssten wir es selbst machen."

Also zupfen wir die Saatkörner vorsichtig heraus, füllen Erde in einen Eierkarton aus Plastik und pflanzen Baumwolle.

Meinen Haushalt habe ich längst vergessen. Es geht darum, was man mit Baumwolle alles machen kann. Mit Streichhölzern drehen wir Wattestäbchen und Pfeifenreiniger. Wir zwirnen die Baumwolle zu einem Faden. Ein Teil wird zum Füllen für Puppenkissen zurückgelegt und ein bisschen zum Wattepusten.

Der Zweig in der Vase hat noch ein wenig Baumwolle behalten, und Isabelle läuft mit den restlichen Saatkörnern zu Mirjam, die nebenan wohnt, weil sie ihr sagen will: „Das ist von Baumwolle. Du musst das pflanzen, dann ..."

Ob die Saat je aufgeht? Immerhin weiß Isabelle jetzt, woraus Handtücher und Bettlaken gemacht sind, und es war besser als meine Erklärung, wie der Käse entsteht.

Immer habt ihr Besuch!

Dreimal pro Woche ist nicht immer, aber für die Kinder offenbar zu viel. Sie sind eifersüchtig auf die Gäste, denen unsere Aufmerksamkeit und Zuwendung gehören. Natürlich müssen die Kinder lernen, nicht immer Mittelpunkt zu sein; lernen, Rücksicht zu nehmen und zu warten, aber ... Ich sage also: „Möchtet ihr mal meine Gäste sein?"

„Ja! O ja! Aber dann musst du uns auch richtig einladen, schriftlich und so!"

„Gut."

„Richtig mit der Post!"

„Okay, und ihr müsst dann zusagen oder absagen, telefonisch vielleicht."

Die „Gäste" erhalten ihre Einladungen, sind entzückt über die Post und teilen mir von einer Telefonzelle aus mit, dass sie gern kommen wollen. Freitagabend passe gut. Sieben Uhr also.

Eine Stunde vorher gehe ich in die Küche. Ich frage, ob noch jemand helfen kann, Salat, Zwiebeln und Brot zu schneiden, oder ob sie schon Gäste sind.

„Nein. Gäste kommen doch von draußen rein!" Wir decken noch zusammen den Tisch. Die Schnitzel braten schon in der Pfanne. Isabelle fragt zum sechsten Mal: „Können die Gäste jetzt kommen?"

„Ja, sie können kommen!"

Ich wasche mir die Hände. Hätte ich mir eine Schürze umgebunden, müsste sie natürlich schnell verschwinden. Es klingelt. Der Dackel bellt, wie immer. Vor der Tür stehen meine vier Gäste:

Susanne im langen Kleid mit eingewickeltem Blumenstrauß. Johannes macht ein höfliches Gesicht und so etwas wie eine Verbeugung, an Blumen hat er nicht gedacht. Isabelle hüpft vor Vergnügen, und Micha ist bequem gekleidet: Er trägt seine alte Schneehose und den Rollkragenpullover mit Loch am Ellbogen. Aber so etwas erwähnt man bei Gästen ja nicht.

„Blumen? Ach, wie nett! Osterglocken, meine Lieblingsblumen, und sogar weiße! Es sind meine ersten in diesem Jahr. Vielen Dank, Fräulein Susanne. Das ist aber reizend!"

Isabelle sagt: „Du? – ich meine: Sie? Sie müssen nicht denken, dass ich nichts für Sie hätte. Ich habe Ihnen dies Haus gemacht mit Fenstern drin und einer Tür zum Aufmachen."

„Ach, wie toll! Vielen Dank! Wir stellen gleich eine flache Kerze hinein, dann leuchtet es schön. Ja, darf ich meine Gäste dann bitten, Platz zu nehmen?" Micha sitzt schon. Er hat ohne zu zögern den strategisch günstigsten Platz (neben der Schüssel mit Eiscreme) eingenommen.

Das Essen schmeckt gut. Schwarzer Tee mit Milch war als Getränk gewünscht worden, damit man länger wach bleibt. Gäste können ja bleiben, solange sie wollen, man kann sie nicht nach Hause schicken.

Für Isabelle ist der Tee noch zu heiß. Da sie wie immer neben mir sitzt, füttere ich sie mit dem Löffel, und weil ihr kleines, rosiges Gesicht im Kerzenlicht so schön glänzt, so fest und rund aussieht, gebe ich ihr einen kleinen Kuß darauf. Susanne darauf empört: „Mammie!! Gäste küsst man doch nicht!"

„Oh, Entschuldigung!"

Das Telefon klingelt. Als ich sage: „Würde es Ihnen etwas ausmachen, wenn ich morgen zurückrufe? Ich habe gerade vier Gäste", freuen sich meine vier Gäste ganz unverhohlen.

Micha nimmt sich Zucker zum Tee. Auch beim zweiten vollen Löffel kann man als Gastgeber ja nichts sagen. Man guckt einfach in eine andere Richtung. Er hat gut gegessen. Trotzdem frage ich ihn: „Möchten Sie noch etwas Fleisch?"

Micha, der seine Rolle für einen Moment vergessen hat, sagt: „Nee, mehr kann ich nicht, dann müsste ich kotzen!"

„Micha, das sagt man nicht als Gast! Man sagt: Nein, danke, es hat gut geschmeckt."

Micha: „Hat es auch. So gut bin ich noch nie bedient worden! Ist das hier eigentlich ein Restaurant? Ich meine, könnte ich mir auch eine Coca bestellen?"

„Nein. Das ist eine private Einladung. Man trinkt, was einem angeboten wird."

„Ach so!"

„Darf ich die Teller dann schon nehmen? Sie möchten ja vielleicht noch etwas Nachspeise?"

Ich räume den Tisch ab. Den Kindern ist es ein wenig peinlich. Aber nur so wenig, dass es sie nicht hindert, das Ganze mit glucksendem Vergnügen zu genießen. Aus Gewohnheit greift Johannes zur Reisschüssel, aber ich wehre ab: „Bemühen Sie sich doch nicht!" Das leuchtet ihm sofort ein. Auf dem Weg zur Küche überlege ich mir, wie lange ich wohl brauchen werde, bis das mühsam eintrainierte Abdecken und Helfen wieder funktioniert.

Isabelle sieht angebissenes Brot auf einem der Teller liegen, läuft hinter mir her und sagt: „Mammie??!! Ich meine: Frau Pastorin! Fräulein Susanne hat ihr Brot nicht aufgegessen!"

Das Petzen ist meinen Kindern, selbst wenn sie Gäste sind, so schnell nicht abzugewöhnen. Ich schlage meinem jüngsten Gast vor, das Brot dem Hund zu geben, der geröstetes Meterbrot auch mit Knoblauch frisst.

Während die Gäste in den Sesseln Platz nehmen und sich ihre Lieblingsplatte auflegen („Morgens um sieben ist die Welt noch in Ordnung"), fülle ich die Spülmaschine. Sie machen es sich mit Kissen auf dem Teppich bequem. Als ich wieder zu ihnen komme, sagt Susanne: „Warum findest du es eigentlich schön, Gäste zu haben? Es ist doch so viel Arbeit für dich?" Ich sage:

„Das macht nichts. Ich freue mich, wenn ich mit Leuten zusammensein kann, die ich gern mag, mit ihnen essen und mich unterhalten."

„Und weil du gern Blumen in der Wohnung hast, nicht?"

„Ja, das auch."

Johannes fragt: „Dürfen Gäste eigentlich sagen, was sie gern möchten?"

„Ja, wenn man sich gut kennt, kann man das sagen."

„Na ja, wir kennen uns doch gut, oder?"

„Doch!"

„Also dann: Ich möchte gern fernsehen!" Die anderen sagen:

„Ja, wir auch!"

Was soll man als Gastgeberin machen?

Der Film erweist sich als langweilig, und so rollen sich die weiblichen Gäste nach einiger Zeit in Wolldecken und schlafen wie Rollmöpse auf dem Teppich, während der Tee bei Männern offenbar intensiver wirkt. Johannes und Micha sind noch ganz wach. Kein Zeichen zum Aufbruch. Gegen elf bin ich so müde, dass ich gern ins Bett ginge. Ich sage also, dass sie sich ja hier auskennen und es ihnen sicher nichts ausmacht, wenn die Gastgeberin sich schon ein wenig zurückzieht.

Nein. Das ist okay.

Johannes hilft mir, die schlafende Isabelle in ihr Etagenbett zu heben, wo sie angezogen weiterschläft. Susanne wankt halb schlafend in ihr Zimmer und ich in meines. Da sagt Micha: „Ich komme mit. Du hast gesagt: Gäste kann man nicht wegschicken." Micha kommt also mit mir ins Bett. „Keine Angst, ich halte die Stiefel aus dem Bett raus!"

„Gut! Schlafe gut!" Ich knipse das Licht aus und bin gerade am Einschlafen, als Micha sagt: „Ich finde mein Bett doch bequemer. Also: Ich gehe jetzt. Vielen Dank für den Abend. Ich würde Sie auch gern mal einladen."

„Ja."

„Bringen Sie mir dann auch etwas mit?"

„Ja."

„Also: Tschüss Mammie!!"

Ich schlafe. Da heult Isabelle in lang gezogenen Tönen. Micha kommt, um mir mitzuteilen, dass Isi weint, was wirklich nicht zu überhören ist. Soll sie kommen. Sie hat Angst.

„Warum?"

„Ich hab' geträumt, ein Dieb ist in die Küche gekommen und hat den ganzen Zuckertopf leer gemacht!"

„Dann schlafe lieber hier in Vaters Bett; er kommt ja erst übermorgen zurück." Sie schläft sofort ein; ich auch. Als ich morgens aufwache, sitzt sie über mich gebeugt und sagt: „Ich hab' dich so lange angeguckt, bis du aufgewacht bist. Gut, nicht?"

„Ja. Guten Morgen, mein Schatz!"

„Und ich bin noch angezogen von gestern! Das machen wir jetzt immer so, nicht?"

„Immer vielleicht nicht, aber manchmal ist es ganz schön."

„Sind wir immer noch deine Gäste?"

„Nein, nun seid ihr wieder meine Kinder!"

„Ja, Mammie, wir wollen lieber deine Kinder sein."

„Warum?"

„Find' ich besser!"

Wenn ich einen Wunsch frei hätte

Beim Frühstück sagt Micha: „Wenn ich oben bin, frage ich, ob ich einen Wunsch frei habe."

„Wo oben?"

„Na, im Himmel! Wenn ich den lieben Gott treffe!"

„Ach so."

„Und dann sagt der bestimmt: Ja!"

Ich freue mich und denke: „Er wird ein guter Theologe! Er weiß, dass Gott in seiner Güte ‚Ja' sagen wird."

„Was hättest du denn gerne?"

„Wenn er Ja sagt, dann würde ich mir wünschen, dass ich immer Wünsche frei hätte."

„Und wozu das?"

„Ja, ich würde mir zum Beispiel wünschen, dass ich schlau werde ohne Schule …"

Ich hoffe, der liebe Gott sagt: Nein! Aber vielleicht ist das Verhältnis von dem, was man im Leben haben möchte, und dem, was man dafür einzusetzen bereit ist, im Himmel kein Problem mehr. Und vielleicht sind unsere Wünsche und Bitten – falls wir noch welche haben – dann so, dass Gott wirklich Ja dazu sagt.

Früher hast du mehr gelacht!

Susanne stellt das ganz nüchtern fest und geht in ihr Zimmer. Mich trifft das tief. In der warmen Badewanne kriege ich eine Gänsehaut, wenn ich daran denke, wie nervös und lieblos ich vorhin mit den Kindern war. Isabelle habe ich angeschrien, weil Anorak und Schal einfach von ihr abfielen – wie bei einer Schlange, die sich häutet. Die Stiefel lagen irgendwo. „Ich bin doch nicht euer Hausmädchen! Stell das ordentlich hin!"

Sie war so erschrocken, dass sie gar nichts sagte. Als sie mich nach einer Weile fragte, ob sie zu ihrer Freundin gehen dürfte, sagte ich Nein! Es ärgerte mich, dass sie da lieber spielen wollte als zu Hause. Susannes Sachen liegen überall herum. Ich bitte sie zu fegen. Aber sie erledigt es so oberflächlich, dass ich noch einmal fegen muss. Ich bin wütend. Doch anstatt sie zu bitten, es besser zu machen, brülle ich sie an. Dabei ist sie es, die mir am meisten hilft.

Ich ärgere mich, dass sie das kleine Einmaleins immer noch

nicht kann. Fehlen aber nicht mir Konsequenz und Geduld, es regelmäßig mit ihr zu üben? Jeden Tag. Es tut mir leid, dass ich Micha weggeschickt habe, als ich sein Wolfskostüm nähen sollte. Nur, ich war gerade so müde! Er wartete schon eine Woche darauf.

Trotzdem begriff er, dass im Moment von mir nichts zu erhoffen war, und sagte: „Ich möchte eigentlich auch viel lieber Clown sein. Dazu kann ich mir ja selbst Sachen aus dem Verkleidungsschrank im Keller zusammensuchen. Susi kann mir helfen." Sie tat es, und ein vollkommener Clown stand vor mir.

Ich dachte: Vielleicht ist es gut, wenn ich nicht immer alles für sie tue, dann werden sie selbst kreativ und aktiv. Aber Hannes fühlte sich im Stich gelassen, als ich ihm bei seiner Arbeit über die Indianer nicht half. Ich hatte einfach nicht die Kraft, mich neu in dieses Thema einzulesen. Er zog sich zurück, und mir blieb das schlechte Gewissen.

Manchmal kann ich nicht mehr. Dann wird meine Geduld hauchdünn, besonders wenn ich den Kindern vierzehn Stunden am Tag ausgesetzt bin und es draußen regnet.

An solchen Tagen denke ich: Wie schön wäre ein Achtstundenjob! Man macht die Tür zu und ist allein. Aber ich bin nie allein. Vor dem Frühstück geht es schon unentwegt: Mammie??? Mammie!!!! Ich sehne mich so nach dem Alleinsein, dass ich es selbst schon als Unrecht empfinde. Ich habe doch vier Kinder gewollt! Ich liebe sie doch, alle!

Es hilft mir dann schon, wenn ich zwischendurch einmal auf dem Fahrrad nach Altona fahren kann, um beim Supermarkt Zahnpasta, Salz und Mehl, Margarine und Milch für das Wochenende zu kaufen.

Aber wenn ich an diesen Nachmittag denke ... mich ekelt vor mir selber. Dabei liebe ich meine Kinder so sehr. Was wäre ich ohne sie? Mein Leben ist so eng mit ihrem verbunden.

Ich habe Gott so sehr um diese Kinder gebeten und mich so über sie gefreut, sie geliebt, versorgt, mich geängstigt, wenn sie krank waren, gewacht, bin nachts aufgestanden; ich habe sie getragen und getröstet.

„Herr, ich verstehe mich selbst nicht! Ich verachte mich. Verwirf Du mich nicht! Gib Du mir neue Kraft für ihre Wünsche und Fragen. Mehr Geduld, wenn sie streiten, Versöhnung und Frieden, wenn sie sich anschreien. Gib mir Gelassenheit und Heiterkeit. Ich bin für sie verantwortlich, aber sie sind Deine Kinder. Du hast sie so geschaffen, wie sie sind mit allem Mühsamen und Liebenswerten.

Dass ich sie nur nicht verderbe und nichts versäume. Ich rede so wenig von Dir. Wie sollen sie Dich kennenlernen? All die Zeit am Tag, was tue ich da eigentlich? So vieles! Aber was bleibt davon? Ich komme nicht zu dem, was ich eigentlich will. Weiß ich überhaupt noch, was ich will?

Manche Tage überrollen mich wie eine große Welle. Immer ist es Abend und dann gleich wieder Morgen.

Herr, gib mir mehr Wärme und Liebe und Verständnis. Gib, dass sie mir verzeihen und nicht an mir verzweifeln und aufgeben, weil sie denken: Es hat alles keinen Sinn!

Herr, es fällt mir schwer zu glauben, dass Du mich noch liebst."

Wir tun so, als würden wir ewig leben. Wie aber würde ich leben und mich den Kindern gegenüber verhalten, wenn ich wüsste, dass ich nur noch kurze Zeit zu leben hätte?

Als ich im Bett liege, lese ich noch ein Stück aus dem Bonhoeffer-Brevier. Eine Auslegung zu dem Satz aus der Offenbarung: „Siehe, ich mache alles neu."

Fünf Worte nur, aber Worte, die Gott selbst mir sagt, zusagt. Ich brauchte nichts dringender. „Siehe, ich mache alles neu!" Wie betäubt vor Glück schlafe ich ein. Ich schlafe tief und fest. Und am Morgen ist alles Schwere und Beschwerliche von mir abgefallen. Wir haben einen schönen Tag zusammen.

Ich denke immer wieder: So hört Gott Gebete. Er hört „das Flehen der Elenden", wie es in den Psalmen heißt.

Ich will Gott preisen Tag für Tag.
Ich will singen, was er für mich getan hat.

Ich freue mich,
dass Gott sich um mich armen Menschen kümmert.
Ich will, dass die Verlassenen es hören
und sich mit mir freuen.

Ich suchte nach Gott,
ich redete zu ihm und suchte Antwort,
da hörte er mich
und befreite mich von meiner Angst.

Wer sich an Gott wendet,
der wird Gottes Glanz spiegeln,
sein Gesicht wird hell sein von Freude.

Mit Händen könnt ihr greifen,
wie gütig der Herr ist.
Glücklich, wer den Weg zu seinem Herzen findet.
Glücklich, wer sich zu ihm flüchtet.

Der Herr ist nahe bei denen,
die an sich selbst verzweifeln.
Er hilft denen, die unter ihrer Schuld zerbrechen –
wie ein Lasttier stürzt, dem die Lasten zu schwer sind –
und nimmt ihre Schuld von ihrem Herzen.

Es mag vielerlei Leiden geben für die,
die sich um Gottes Willen mühen,
aber keine Not, in der sie allein sind.

Aus Psalm 34 (nach Jörg Zink)

Hörst du die Heckenbraunelle?

Bei vier Kindern brauchen die mittleren, Susanne (10) und Micha (7), besondere Zuwendung. Micha besorgt sie sich selber. Auf Susanne müssen wir achten.

Zuwendung, das kann heißen, dass ich morgens um halb sechs aufstehe, Susanne leise wecke und wir aus dem Haus schleichen, um mit einer Gruppe von Vogelfreunden in den Jenisch-Park zu fahren und dort Vogelstimmen zu hören und kennenzulernen. Susanne kennt zwar schon viele Vögel, weiß über deren Lebens- und Nistgewohnheiten Bescheid, aber: Morgens früh in einem großen Park Vögel zu hören – das ist etwas anderes. „Tagsüber hört man immer nur die Menschen", sagt Susi, „aber frühmorgens hört man die Vögel einmal ganz allein. Ich finde es schön, wenn es so ruhig ist. Nachher in der Schule kommt mir alles sehr laut vor. Nur die Heckenbraunelle, die ist auch sehr laut, die quietscht wie ein Kinderwagenrad!"

Wir sind nun schon einige Wochen lang mitgegangen. Wir kennen die Reviere der Vögel. Wir wissen, wo die Zaunkönige wohnen, die mit dem hohen Triller in der Mitte ihres Gesangs. Wir sehen die Baumläufer und Kleiber, die wie kleine Mäuse die Bäume hinauf- und herunterlaufen, aber fast nie singen. Das aufgeregte Stakkato der Amseln ist uns vertraut, wenn ein Waldkauz oder Eichhörnchen in ihrer Nähe sind. Der Waldkauz sieht uns aus der Astgabel einer Buche gleichmütig, fast gelangweilt an. Und das alles am Rande von Hamburg!

Dann ist da noch die Sumpfwiese mit Schlüsselblumen und Sumpfdotterblumen und darüberhin das laute Lachen des Grünspechts, zum Schluss das Zilpzalp dieses unscheinbaren Vogels. Wir haben schon einiges gelernt.

„Man braucht Jahre", sagt Frau Reger, die uns führt.

Aber das „Eigentliche" ist für uns nicht das Wissen – so interessant das Rufen und Verhalten der Vögel auch ist –, sondern unser gemeinsamer Weg in der kalten Morgenluft. Wie wir nebeneinander hergehen und auf einzelne Stimmen achten, sie erkennen oder auch fragen und uns daran freuen, dass die Rotkehlchen keine zwei Meter von uns entfernt auf dem Weg sitzen, den Kopf schräg legen und uns ansehen. Keiner spricht. Beobachten und hören, aufmerksam sein und warten – all das gibt es nur morgens, bevor der Tag beginnt. Ein Tag, der uns anderes lehrt; wo es darum geht, schnell und gewitzt zu sein, zu reden und zu handeln, sich zu behaupten und Recht zu erkämpfen.

Hören braucht Übung. Wer sich auskennt, hört aus dem Gewirr der Stimmen – jetzt sind auch die Laubsänger und Grasmücken da – einzelne heraus. Ich höre nur die deutlichen, lauten Soli, die Vögel in der Nähe. Frau Reger sagt: „Ja, diese Stimmen kann ich unterscheiden. Ich gehe seit vielen Jahren auf Exkursionen. Vogelstimmen kenne ich ganz gut. Ich wollte, ich könnte die Worte der Bibel so hören. Das ist oft ein großes Gemisch von Unverständlichem für mich. Aber Hören kann man wohl lernen.“

Pfefferminztee, Schrauben und Räder

Es ist Freitagabend auf dem Rückweg von Christas Geburtstagsfeier kurz nach elf Uhr. Ich fahre auf dem Fahrrad, und weil es regnet, fahre ich schnell. Im letzten Moment sehe ich auf einem Sperrmüllstapel ein blaues Fahrrad. Ich weiß, dass Johannes nach Sperrmüllrädern sucht, weil er sich aus alten ein neues zusammensetzt.

So sage ich: „Zieh dir schnell Anorak und Gummistiefel an“ – er liegt schon im Bett, ist aber noch wach –, „ich habe ein blaues Fahrrad gesehen mit Gepäckträger und allem!“

Das Fahrrad erweist sich dann als Moped, ist also unbrauchbar. „Tut mir leid, hab' ich im Dunkeln nicht so genau gesehen.“

„Macht nichts“, tröstet mich Hannes, „ich bin sicher, wir finden noch was Brauchbares.“

An der Rückwand einer Waschmaschine sitzt ein Rad, das wie eine Filmspule aussieht. Vielleicht könnten wir damit den Dynamo an das Windrad auf dem Dach anschließen! Wir sind uns über die Konstruktion noch nicht ganz klar. Aber Rolf wird Johannes sicher helfen.

Leider ist dieses Rad festgerostet. – Wir finden ganz neue Bolzen, Schrauben und Stahlrohrbeine eines Tisches. Auch die Räder einer Sportkarre können wir bestimmt mitverwenden. Hannes hat Werkzeug bei sich. Wir lassen uns Zeit. Leute sind jetzt nicht mehr auf der Straße, und nass sind wir sowieso. Ich weiß nicht, warum ich mich immer ein bisschen schäme, im Sperrmüll herumzustochern.

Nass wie Hunde kommen wir nach Hause. Wir ziehen uns um und trinken einen Tee in der Küche. Mit dem Rücken gegen die Heizung sitzen wir da und überlegen, wie die Windradkonstruktion verbessert werden könnte und das Leben überhaupt. Die Kleinen und Susanne schlafen. Theo ist auf seiner Dienstreise in Papua-Neuguinea.

Wir sehen nicht auf die Uhr, und ich weiß nicht, wann wir ins Bett gegangen sind.

Vielleicht haben wir nächstes Mal mehr Glück. Aber Glück ist ja nicht die Summe der Ersatzteile, die man findet, sondern die Stunde nachts zwischen zwölf und eins, wo nichts eilt und nichts wichtig ist; außer, dass ein Windrad läuft, mit dem man eine Glühbirne zum Leuchten bringt.

Hannes, der mit seinen dreizehn Jahren der „Große" ist, bei dem sich so viel von selbst versteht und ungesagt bleibt, der allein ins Bett geht und auf sich aufpasst, braucht manchmal einen, der sich für Sperrmüll interessiert. Und für Sperrmüll interessiere ich mich nun wirklich.

Hannes ist, was die Kleinen angeht, Miterzieher und trägt Verantwortung (auch wo sie ihm nicht aufgetragen ist). Er benutzt meine Kamera und flickt mein Fahrrad. Darum denke ich: Er ist groß!

Aber wenn er dann einen Konfirmationsanzug anpasst, schüttelt er sich, und wir gehen stattdessen mit Nicki und Sporthose aus dem Laden, und uns allen ist wohler. Zu Weihnachten wünscht er sich Krimis und eine Bibel mit Reißverschluss, aber auf jeden Fall einen großen, weißen Stoffhund, mindestens einen Meter lang. Und da es solche Tiere kaum gibt oder man sie nicht bezahlen kann, kaufen wir zusammen weiße Fell-Imitation und synthetische Watte. Wir suchen Augen aus: treue, schwarze Plastikaugen. Den nächsten Tag verbringe ich an der Nähmaschine, und abends sieht dieser Hund ihn an: aus sanften, braunen Filzaugen! Plastik wirkte zu kalt. Er liegt auf dem Bett, bereit zu trösten, wo Frustration und Kummer ungesagt bleiben und Probleme sich nicht in Worte fassen lassen.

„Christus wird uns nicht fragen,
wie viel wir geleistet haben,
sondern mit wie viel Liebe
wir unsere Taten vollbracht haben.“

Mutter Teresa

Wir beide, ganz allein!

„Ich möchte mal einen ganzen Tag mit dir allein sein“, sagt Micha.

„Hm, das können wir ja mal machen!“

„Nee, glaub' ich nicht!“

„Doch, was möchtest du denn mit mir machen?“

„Och … basteln oder Kekse backen … aber ganz allein! Nur wir beide.“

„Oder eine Fahrradtour?“

„Ja.“

„Wir könnten Tante Katharine besuchen.“

„O ja!“

Wir rufen an und sagen, dass wir beide heute Nachmittag mit dem Rad kommen und gern bei ihr Kaffee trinken wollen.

Sie würde sich freuen, sagte sie.

Micha verhält sich so, dass Worte und Blicke sich erübrigen. Er nimmt die Serviette wie vorgesehen und isst den Kuchen mit der Gabel.

„Noch mehr Sahne?“

„Ja, bitte!“

Vor Wonne spricht er kaum.

Und damit es wenigstens ein ganzer Nachmittag wird – wenn auch nicht, wie gewünscht, ein ganzer Tag –, schlage ich vor, noch einen Umweg über den Hauptbahnhof zu machen. So stellen wir die Räder ab und fahren weiter mit der S-Bahn. Am Hauptbahnhof steigen wir aus.

Micha hört viel vom Energiesparen, und das – wenn überhaupt etwas – leuchtet ihm ein. Er sieht die hohe Überdachung im Bahnhof und findet, das kostet zu viel Material. Außerdem sei alles Glas … zu schlecht isoliert. Und warum die ganze Leuchtreklame mitten am Tag!? Das hätte er anders gemacht. Er ist gegen Verschwendung, hat aber nichts gegen ein Eis und ist den Tumult nach einer Weile leid. Wir fahren nach Altona zurück und nehmen unsere Räder. Es wird schon dunkel. Als wir ein Stück gefahren sind, sagt Micha: „Mammie??!! Moment mal!“

„Was ist denn?“

Er hantiert an seinem Dynamo und sagt: „Ich mache das Licht aus!“

„Warum? Geht es zu schwer zu treten?“

„Nein, aber wir müssen sparen! Ich kann auch so sehen.“

„Ja, Micha, du! Aber die anderen müssen dich sehen.“

„Okay, dann fahr’ ich ganz dicht neben dir, du hast ja Licht an.“

Nach dieser Energiespartour mit Sahnekuchen und Eis ist Micha ganz zufrieden – mit sich, der Welt und sogar mit seiner Mutter. Und die anderen Geschwister? Ich vermeide ihren Blick und ihre Fragen.

Warte, ich hole die Eieruhr!

Abends, wenn ich Micha und Isabelle ins Bett bringe, sage ich manchmal: „Lieber Gott, ich danke Dir für unsere Kinder ...“ Dann sind unsere Kinder sehr glücklich. Sie sollen wissen, dass wir uns freuen, sie zu haben. Wir bitten Gott, dass er uns alle heute Nacht behüten möge und wir morgen fröhlich aufwachen. Amen.

Da sagt Micha: „Und was ist mit den Kranken und denen, die sterben? Die hast du im Stich gelassen!“

„Ja, das ist wahr. Dann wollen wir den lieben Gott bitten, dass er ihnen ganz nah ist und sie tröstet.“

Das tröstet auch Micha, und er ist bereit, sich hinzulegen. Ich gebe Isabelle – im oberen Etagenbett – einen Kuss und setze mich zu Micha auf das Bett: „Schlaft gut und redet jetzt nicht mehr!“ Micha legt mir seine Arme wie eine Schlinge um den Hals. Er liebt mich, aber vor allem will er mich festhalten und so das Einschlafen hinauszögern. Isabelle beugt sich von oben herunter und ruft: „Weggehen! Mammie!! Geh weg! Du hast länger mit Micha geschmust als mit mir!“

„Ach Isabelle! Ich kann das doch nicht mit der Stoppuhr abmessen!“

„Nein, warte! Ich hole die Eieruhr!“

Gerechtigkeit ist das halbe Leben und Eifersucht die andere Hälfte. Also: mit jedem eine Eieruhrlänge! Nach diesen zehn Minuten, die wir alle in Frieden genießen (als ich etwas sagen will, protestiert Micha: „Nicht reden! Reden verdirbt alles! Ich will das genießen!“), sind wir müde. Ich wäre am liebsten mit ins Kinderbett gesunken und eingeschlafen. Aber dann kommt Susanne. Sie begreift sofort, was hier vorgegangen ist, und sagt: „Das will ich auch! Gute Idee! Kommst du jetzt in mein Zimmer?"

„Ja."

Die Eieruhr, die ich ursprünglich als Zeitmesser für das Zähneputzen gekauft habe – denn wie lange Eier kochen, habe ich im Gefühl; weshalb die Familie zum Frühstück, wenn überhaupt, harte Eier kriegt –, diese Eieruhr ist nun also unser Abmesser, unsere Waage für Gerechtigkeit und Liebe nach Minuten.

Ich denke, wie anders das doch andere Mütter machen. Sie lesen Geschichten, bis die Kinder eingeschlafen sind. Bei uns wäre ich zuerst eingeschlafen! Oder sie segnen ihre Kinder. Bei Michas Patentante ist es mir unvergesslich. Sie legt ihren Kindern das Kreuz auf die Stirn und spricht den Segen. Was bedeutet das für Kinder, die ja so wie wir Angst und Hetze, Stress und Traurigsein kennen, wenn es heißt: „Es segne dich Gott, dein Vater, der dich so schön gemacht hat; Jesus, sein Sohn, der dir alles Traurige wegnehmen kann, und der gute Geist von beiden, der dich eines Tages in den Himmel bringen wird!"

Blumen am Donnerstag

„Ich habe Ihnen ein paar Blumen mitgebracht!", sagt Theos Sekretärin, als sie zum Mittagessen kommt. „Ach wie nett! Blumen an einem ganz gewöhnlichen Donnerstag!" Und ich denke weiter: Donnerstag, 3. April, kein besonderer Tag. Oder doch? Das Datum kommt mir irgendwie bekannt vor. Vielleicht hat jemand Geburtstag?

„Bitte, nehmen Sie doch Salat!"

„Noch etwas Saft?"

Dritter April? Jetzt weiß ich es: Wir haben heute Hochzeitstag! Und Theo hat es vergessen! Ich zwar auch. Aber es ist ja seine

Sache, mir einen Blumenstrauß mit Kuss zu überreichen. Ich denke da ganz altmodisch. Stattdessen lädt er seine Sekretärin zum Essen ein.

Ich sage also ganz beiläufig zur Sekretärin: „Das passt eigentlich gut mit den Blumen! Wissen Sie, wir haben nämlich heute Hochzeitstag!"

Das war unfair. Mein armer Mann! Schnell sage ich deshalb: „Wir haben es beide vergessen."

Später nehmen wir uns vor: Wir feiern spätabends, wenn die Kinder im Bett sind, ganz allein. Wir gehen griechisch essen, und da reden wir weder von der Arbeit noch von den Kindern, nicht von der Mission und auch nicht von Konferenzen …

Wir sitzen in der kleinen Kneipe „Kreta". Es ist gemütlich, eng, laut und verqualmt. Vor Rauch sieht keiner den anderen, und vor Lärm hört keiner, was der andere sagt. Richtig schön. Wir sehen uns die lange Speisekarte an. Vor siebzehn Jahren waren wir zusammen in Griechenland gewesen.

„Ich nehme Nr. 4", sagt Theo.

„Ich auch. Johannes braucht neue Schuhe!"

„Schon wieder?"

„Ja."

„Zweimal Schafskäse, bitte! Und eine Flasche Retsina."

„Als Vorspeise?"

„Nein, als Hauptgericht."

Wir genießen den Abend mit der Musik und den Leuten um uns herum, mit denen wir nicht reden müssen. Überhaupt reden wir nicht viel.

Theo streicht mit seinen Händen über meinen Handrücken:

„Würdest du mich noch einmal heiraten?"

„Du! Das weißt du doch!"

„Ja, aber sag es …!"

„Natürlich. Immer! Schade, dass man dich nur einmal heiraten kann."

Wir lieben uns und brauchen uns sehr. Aber wir sagen selten:

Ich liebe dich! Wir wollen es wieder sagen, nicht nur denken, auch wenn wir nun sechzehn Jahre verheiratet sind. Und Blumen am Donnerstag – das wäre schön! Ein Luxus, aber schön. Im Oktober feiern wir einen zweiten Hochzeitstag. Den Tag im April, weil wir geheiratet haben, und den im Oktober, dass wir noch verheiratet sind. Wir sehen so oft um uns herum, und manchmal auch an uns selbst, wie wenig selbstverständlich das ist. So manche Ehe ist wie ein Feuer, das langsam ausgeht. Wir finden: Ehe ist etwas zu Großes, als dass man sie einfach unbeachtet lassen könnte. Ehe ist zu kostbar, um nur einmal im Jahr dankbar daran zu denken, dass Gott uns damals seinen Segen verheißen hat – verborgen oder sichtbar erfahren – und dass bei allem, was wir versäumen und vergessen, Segen nicht aufhören kann.

Und manchmal koche ich ein schönes Essen mitten in der Woche nur für uns beide.

Und manchmal, wenn ich am Schreibtisch sitze, kommt Theo und fragt: „Soll ich dir ein Stück Brot streichen, oder zwei? Etwas zu trinken dazu?"

„Ja, gern."

Wir brauchen das. Es macht dann nichts, dass Theo für Tage oder Wochen wieder auf Reisen ist. Ehe ist ja kein ständiges Aneinandergekettetsein, sondern ein Glück, das man hüten muss, nicht ängstlich, aber liebevoll und sorgfältig. Ein Sehen mit den Augen des anderen: Was braucht er jetzt? Und genauso: Du, ich brauche dich jetzt! Und ich schenke dir etwas; nicht, weil du es brauchst, aber weil ich an dich dachte, als ich es sah.

Dass wir uns gegenseitig erfreuen und helfen, dazu hat Gott uns die Ehe geschenkt. Dass wir uns ermutigen für den oft so mühsamen Tag, den wir gemeinsam oder getrennt jeder mit seiner Arbeit verbringen. Damit der andere sein kann, was er sein möchte, und zu seinem Recht, vor allem aber zu seinem Glück kommt. „Jonathan ging hin zu David" heißt es (1. Sam. 23,26), „und stärkte sein Vertrauen auf Gott." Und ich weiß: Das ist der letzte Sinn unserer Ehe wie jeder menschlichen Gemeinschaft überhaupt.

Zweites Kapitel

Ein Haus mit Höhlen,
Kitsch und Glück

Innen ist es sehr gemütlich

Nur eine tief erlebte Kindheit reicht aus, um ein Leben lang mit dem Herzen dabei zu sein", sagt Dorothe Frutiger. Dem stimme ich von Herzen zu. Trotzdem sage ich bei einem erneuten Versuch, das Kinderzimmer aufzuräumen: „Micha, was soll das Moos auf der Fensterbank?"

„Mammie, fühl doch mal, wie weich es ist! Und wie schön grün! Magst du Moos nicht?"

„Doch, ich mag Moos auch gern. Aber ... na schön, lass es liegen.

Und was soll das Vogelnest im Bücherbord?"

„Das verstehst du nicht. Ich will es aufheben für die Vögel. Dann brauchen sie im Frühjahr kein neues zu machen. Ich tue es in den Garten, und dann kann ich sehen, wie sie brüten und die Jungen füttern."

„Ja, das ist wahr!"

Freude, Begeisterung, Fantasie und das Wissen, wie Moos sich anfühlt, sind mehr als Ordnung und Sauberkeit. Das Nest bleibt im Bord.

Inzwischen habe ich von einer Milben-Spezialistin erfahren, dass in jedem Nest etwa tausend Flöhe und Milben sitzen und die Vögel darum guttun, sich neue Nester zu bauen. Aber wie soll ich Micha erklären, was Milben sind? Ich habe selbst nur eine vage Vorstellung. Sie sind so klein, und Micha ist so klein, und er wollte den Vögeln doch nur helfen.

Manchmal freilich ist auch unser Haus makellos sauber, aufgeräumt und ruhig. Das ist sonnabends in der Mittagsstunde, nachdem die Familie den Vormittag über gemeinsam sauber gemacht hat. Alle genießen das Ergebnis, finden aber: Es sieht so unnatürlich aus.

Am Sonntagmorgen, wenn weder Theo noch ich einen Gottesdienst zu halten haben, müssen wir uns nicht beeilen. Wir sind wach, liegen aber noch im Bett. Es ist so unglaublich still, dass ich misstrauisch werde.

Micha summt vor sich hin. Leises Plätschern. Vermutlich badet er. Warum nicht! Mehr als überlaufen kann die Wanne nicht, und selbst das ist noch nie vorgekommen. Zum Ertrinken ist er zu groß. Kein Grund aufzustehen. Aber nach einer Weile rufe ich dann doch: „Was macht ihr denn im Bad?"

Micha ruft zurück: „Wir baden Regenwürmer. Im Waschbecken!"

Da ich ausgeruht bin, kann ich Ekel und Vorwurf unterdrücken und im Sinne meiner tierliebenden Kinder reagieren. „Die armen Regenwürmer", sage ich, „die wären bestimmt lieber dreckig! Darum leben sie ja in der Erde." Micha: „Macht nichts, die sind schon tot."

Meine Chance! „Wollen wir sie dann nicht lieber begraben?" Isabelle: „O ja! Im Garten! Ich suche schon mal Steine und Blumen fürs Grab!"

Und da diese Regenwürmerbeerdigung ohne Lieder und Tränen stattfindet – im Unterschied zu der von toten Vögeln –, genießen wir bald danach ohne viel Verspätung unser Sonntagsfrühstück. Inzwischen regnet es auch wieder, und der Garten versinkt im Schlamm. Selbst den Amseln ist es zu nass, nach Regenwürmern zu suchen. Beklommen denke ich: „Gleich werden die Kinder fragen: Mammie? Was können wir machen?" Und mir fällt auch nicht immer etwas ein. Da sagt Susanne: „Du? Dürfen wir Höhlen bauen im Flur mit Stühlen und Tischen und Decken und so?"

„Ja, natürlich!"

Sie holen alte Matratzenteile aus dem Keller und was sonst noch dazugehört aus ihren Zimmern. Unser Haus sieht wieder „bewohnt" aus; man könnte auch sagen: unmöglich und unordentlich. In Wirklichkeit ist es aber sehr gemütlich. Denn in den Höhlen werden kleine Vorratskammern angelegt, in die Kekse, Nüsse und Bonbons geschleppt werden – wenn man so etwas hat. Es geht auch mit Haferflocken, Rosinen und Cornflakes, solange nur das tiefe Bedürfnis, vorzusorgen und sich gegen Hunger und Kälte abzusichern, erfüllt wird. Es ist gemütlich, so auf alten Kissen zu liegen und etwas „Schönes" zu haben. Das kleine Radio und der Dackel spielen auch mit. Eine Idylle von Geborgenheit und Glück, Sicherheit und Wärme wie nirgends sonst.

Das Glück lässt sich nur noch dadurch steigern, dass ich mit in diese Höhle krieche und ihnen bei Taschenlampenlicht etwas vorlese. Höhlen sind von Zeit zu Zeit nötig. Unnötig finden es die Kinder, die Höhlenteile wieder an ihren ursprünglichen Ort zu bringen. Um das zu vermeiden, bauen sie die Höhle lieber um: in einen Zirkus zum Beispiel. Kissen und Matratzen sind Zuschauersitze, die Stühle werden für die einzelnen Nummern gebraucht, die Decken zum Verkleiden. Natürlich kommt noch einiges hinzu: Kängurufelle, Reifen, ein Clownkostüm …

Das Chaos wird umgestaltet und wächst. Aber darüber nachzudenken, hat der Zuschauer keine Zeit. Er muss Eintritt zahlen und bekommt ein Programm in die Hand. Manchmal sind neue Nummern dabei. Aber immer ist Susi der Löwe und Micha der Zirkusdirektor. Isabelle übernimmt Zubringerdienste, und Hannes, weil zu „erwachsen", ist Zuschauer.

Um die Menge des Publikums noch zu vergrößern, werden Freunde und Nachbarn geholt. Das Känguru, ebenfalls Susanne, hüpft herum und begrüßt die Zuschauer mit Handschlag, dabei wird das Baby im Beutel gezeigt. Beifall erbeten! Mit zwei Griffen wird das Kängurufell umgedreht. Aus dem langen Schwanz wird ein Rüssel und aus Susi ein Elefant, der Zahlen klopft, die er auf einem Würfel „liest". Applaus!! Nach kurzer Pause tritt der Löwe auf, die Mähne ist ein neuguineischer Grasrock. Der Löwe springt durch einen Feuerreifen – er ist aus Draht und hat Papierflämmchen –, sitzt auf einem Stuhl, wo er Männchen macht. Danach folgen die mehr „menschlichen" Nummern:

Der Clown, der nicht merkt, dass man ihm sein Essen wegnimmt, und der Zauberer, der mit Geheimschrift schreibt oder manchmal auch alle seine acht weltberühmten Tricks vorführt. Selbst wenn sie nicht klappen – gerade dann! –, muss geklatscht werden, was die jüngeren Zuschauer nicht immer tun.

Bleibt der Erfolg aus, heult Susi: „Nie, nie mehr werd' ich euch was vorzaubern! Nie!!!"

„Susi, sei nicht traurig, das kommt doch auch bei richtigen Zauberern vor."

Eine Tür knallt, Susi ist in ihrem Zimmer verschwunden. Der Dackel frisst die letzten Kekskrümel, und wir versuchen, einen Durchgang frei zu machen für Leute, die kommen, um uns einen schönen Sonntag zu wünschen. Richtig ordentlich wird es nur, wenn wir in die Ferien fahren und unsere Unordnung mitnehmen.

Wir setzen uns in das Wohnzimmer und planen weiter für unseren Umzug in ein Reihenhaus. Jeder schreibt seine Wünsche in ein altes Schreibheft. Micha sagt: „Was ich möchte, wisst ihr ja! Einen Urwaldbaum mitten im Zimmer – zum Klettern und Drinsitzen und damit Isi und ich in unserem Zimmer unsere Grenze wissen."

Wir sagen: „Micha, das geht nicht! So groß ist euer Zimmer gar nicht!"

„Schade!"

Hannes stellt fest: „Außerdem hast du ja schon deinen Kirschbaum. Den nehmen wir mit."

„Ja."

Den Kirschbaum hatte Micha seiner Beharrlichkeit zu verdanken.

Träume und Wünsche

Seine Patentante hatte ihm das Buch „Der goldene Apfelbaum" geschenkt. Dieser Baum steht vor dem Fenster der Kinder und trägt das ganze Jahr über goldene Äpfel. Am Morgen öffnen die Kinder das Fenster und pflücken sich einen.

„So einen möchte ich auch!", sagt Micha.

„Ja, schade, dass es nur eine Geschichte ist, nicht?"

„Wieso Geschichte? Wir können doch einen kaufen. Einen richtigen Apfelbaum, meine ich. Oder einen Kirschbaum. Kirschen mag ich noch lieber."

„Mal sehn!"

„Kaufen wir ihn morgen?"

Theo sagt: „Ja, das tun wir!"

Wir fahren zu einer Baumschule und tragen unsere Wünsche vor. „Wie viel Platz haben Sie denn an der Hauswand?"

„Eine Wand haben wir eigentlich nicht, es ist eine lange Fensterfront. Er müsste frei stehen vor dem Fenster!"

„Und wie viel Platz ist da?"

„Etwa vierzig Zentimeter, dann kommt ein Plattenweg." – „Ja, dann kommt nur einer in Buschform in Frage; er wird 150 cm hoch."

„Gut."

Ein kleiner Stamm mit drei noch kleineren Ästen wird ausgegraben. Im Katalog heißt es von diesen Minibäumchen, dass sie aromatische, supergroße Früchte in unglaublicher Fülle tragen, sodass ein Stützpfahl empfohlen wird. Früchte bereits ein Jahr nach der Pflanzung. Aber was machen wir bis dahin?

Die Blätter kamen, sogar drei Blüten, aber keine Früchte. Micha ist zuversichtlich: „Die kommen noch!"

Ich kann das nicht mitansehen. Im Gemüseladen kaufe ich Kirschen, deren Stiele oben zusammengewachsen sind, und hänge sie über die Zweige. Für Micha waren es „seine" Kirschen, mit denen er ja fest gerechnet hatte.

Kranke brauchen Freude – und Fischstäbchen

„Mammie? Alle meine Tiere sind krank und brauchen Pflaster."
Isabelle weiß, dass ich am Wochenende zwei Meter Hansaplast gekauft habe, weil im Keller so einiges lief an Fahrradumbau, Windmühlenbau und Vorbereitung von Nistkästen, weil die Kinder Rollschuh liefen und Susi sich ein Kleid nähte ...

„Ja, ein Stück kannst du haben!"

„Ich finde", sagt Isabelle, „ich mache einen Punkt mit Filzstift, wo die Wunde ist, und du klebst die Pflaster drauf. Ich bin die Ärztin und du die Krankenschwester."

„Gut."

So haben wir alle Lieblingstiere verbunden; ein wahrhaft internationales Krankenlager: die rosa Glasschnecke aus Venedig, das Zebra aus Mexiko, Elefanten aus Indien, Käfer unter Gießharz aus Neuguinea, auch bundesdeutsche Plastiktiere, Playmobilmänner und Schlümpfe. Sie liegen nebeneinander auf einer weichen Decke und schlafen ihrer Genesung entgegen. Sie dürfen auf meiner Fensterbank über der Heizung sein, weil sie ja krank sind.

Für mich wäre die Behandlung damit abgeschlossen, sorgfältig, ohne Eile ... Aber Isabelle sagt: „Jetzt müssen wir singen!"

„Wieso singen? Was willst du singen?"

„Weihnachtslieder! Wenn sie an Weihnachten denken, freuen

sie sich. Und wenn sie sich ganz doll freuen, werden sie gesund, nicht?"

„Ja, das stimmt!"

„O Tannenbaum … Morgen Kinder …"

„Aber …"

„Ja?"

„Schönes Essen brauchen sie auch!"

„Was mögen sie denn gern?"

Isi sagt ohne Zögern: „Fischstäbchen mit Senf!"

Weil ich gerade keine im Tiefkühlschrank habe, müssen wir dieses Menü auf morgen verschieben.

Und wenn ich die rosa Glasschnecke sehe, wie sie da gelassen Zebras und Wildschweine überragt, denke ich daran, unter welchen Umständen wir sie auf unserer Reise in Venedig kauften. Nicht weil sie so schön war, sondern weil Isabelle sie mit dem Ellbogen von einem Glasbord stieß, wobei sich das teure Tier beide Fühler abbrach.

„Signora!!!"

„Ja, ich kaufe sie!"

Das zerbrechliche Tier überstand die gesamte Zelttour ohne weitere Schäden und ist uns bis heute erhalten geblieben. Jetzt sind ihre Fühler endlich verbunden.

Nachdem Isabelle damals ihre Schnecke hatte, sagten die anderen Kinder: „Und wir? Kriegen wir keine Glastiere?" Theo zögerte keine Sekunde: „Natürlich kriegt ihr auch welche." Susannes Blick fiel auf ein zartes Geäst mit zwei Vögeln, die ihre drei Jungen im Nest fütterten. An den Spitzen der Äste noch zartere Knospen. Wie sollten wir das nach Hamburg transportieren?

„Kein Problem!", sagte der Händler. „Die? Die reisen bis nach Amerika!"

„Ja, sicher! Aber nicht zusammen mit einer Campingausrüstung, die ständig aus- und eingepackt wird!"

Wir merkten, dass es Susanne das Herz gebrochen hätte, wären wir ohne Vögel weitergefahren. Also fahren wir mit Vögeln!

„Danke, Väti!"

„Also, mir reicht eine Sache", sagte Hannes, „dieser Krebs da!"
Krebse haben acht dünne Beine. Auch der Krebs kam mit. Zum
Glück wollte Micha nur zwei kleine Vögel, massiv, winzig und
gar nicht hässlich. „Kein Problem!", sagten wir.

Isabelle suchte noch. Sie fand einen Weihnachtsteller mit einer
plastischen, farbigen Darstellung von Weihnachten: Kamin, Ga-
bentisch, Baum und Nikolaus, Spiegel und Schleifchen – eine
englische Szene, getreu bis ins Detail, made in Hongkong. Kitsch,
aber wenigstens aus Holz. Und für Isabelle gab es auch mitten im
Sommer, mitten in Venedig nichts Schöneres als Weihnachten.
Dieses Fest, auf das man so lange warten muss und das so schnell
vorüber ist, hatte man nun in handlichem Format immer bei sich.
Das Glück darüber hielt ihre kleine Seele für Wochen im Gleich-
gewicht. Kitsch muss sein. Wie soll man das Echte und Stilvolle
sonst ertragen und überhaupt vom Rest unterscheiden. Kitsch ist
Glück, selbst wenn er zerbricht und geklebt werden muss.

„Nur die Kinder wissen, wohin sie wollen",
sagte der kleine Prinz.
„Sie wenden ihre Zeit an eine Puppe aus Stofffetzen,
und die Puppe wird ihnen sehr wertvoll,
und wenn man sie ihnen wegnimmt, weinen sie …"
„Sie haben es gut!", sagte der Weichensteller.

Aus: Der kleine Prinz, Saint-Exupéry

Mammie, Micha kokelt wieder!

Zwischen notwendiger Freiheit und unverantwortlicher Fahrlässigkeit ist es oft nur eine Gratwanderung. Mütter balancieren jeden Tag auf diesem Grat.

Natürlich, es gibt auch ganz ungefährliches Spielzeug; eine Lupe zum Beispiel. Keine billige Plastiklupe, sondern eine, die wirklich vergrößert: dreißigfach! So eine kauften wir für Micha, der sich so sehr für Blumen interessiert. Dabei wird er viel lernen, sagten wir uns.

Das Geschenk war ein Erfolg. Micha nahm alles unter die Lupe: Haut und Haare, Blätter, Baumrinde. Das Leben war voll interessanter Details. Am nächsten Tag schien die Sonne, und da wurde aus der Lupe ein Brennglas. Nun war das Geschenk vollends unbezahlbar geworden, denn man konnte damit Qualm und Feuer machen. Bei Wind schien uns dies Spiel etwas zu gefährlich. Wir sagten: „Micha, das ganze Haus könnte abbrennen! Lass das bitte!"

„Ja."

Ein paar Tage später kommt Susanne ins Haus: „Mammie, Micha kokelt wieder!"

Micha liegt auf dem Kutschendach eines Holzpferdewagens, Bestandteil des Spielplatzes, und kokelt. Es qualmt ein wenig, und in diesem selbst erzeugten Dunst versinkt die übrige Welt.

„Micha, was machst du da?"

„Ich? Nichts weiter! Mammie, da passiert doch nichts!"

„Außerdem solltest du doch Schularbeiten machen! Du sollst eine Seite ‚Tom' schreiben."

„Tu ich doch!"

„Wieso?"

„Ja, guck mal, Mammie! Große Klasse! Erst siehst du nur Qualm, aber darunter hab' ich Tom geschrieben, einfach eingebrannt ..."

Tatsächlich, in das Holz hat er richtig und deutlich „Tom" eingebrannt. Manches lernt man nur beim Kokeln; nur da, wo es Spaß macht.

Trotzdem haben wir ihm nicht erlaubt, ein richtiges Feuer zu machen. Das weiß er.

Als Ersatz und wegen der Freude am Leben kaufe ich den Kindern schwimmende Kerzen. Ich gebe ihnen eine große Plastikschüssel mit Wasser und Streichhölzer. Sie ziehen die Schüssel an eine dunkle Stelle unter den Sträuchern und sind glücklich, so scheint es jedenfalls.

Ich gehe zu meiner Nachbarin, um ihr zum Geburtstag zu gratulieren. Wir trinken gerade einen Kaffee, da kommt Herr Schipper, unser anderer Nachbar, herein: „Ich wollte nur sagen … es qualmt da hinter dem Müllhaufen."

Ich renne und rufe: „Micha!" Nichts. Es qualmt weiter. Herr Schipper tut das einzig Richtige und sagt in Richtung Müllhaufen: „Ich hole jetzt die Polizei, dann kommt er in den Knast!" Darauf erscheint zuerst Isabelle, dann Micha mit vor Qualm tränenden Augen. Er tritt das Feuer aus, wie es ihm gesagt wurde, und kommt. Weil er selbst zutiefst erschrocken ist, erübrigt sich das Schimpfen.

Nun schlägt Micha vor, ein bisschen Fahrrad zu fahren, um sich auszulüften und dann zu baden. „Wegen Vater, damit er nichts riecht." Anschließend spielt er an einer Pfütze angeln. An der Schnur hängt ein Regenwurm. Ich kann ihm nicht alles verbieten. Wie wohltuend ist es da, wenn er fragt: „Darf ich mir Unkraut in einen Blumentopf pflanzen? Ich möchte mal sehen, ob Unkraut bei mir wächst." Wir züchten Gras und Kraut, Taubnesseln und Stolzen Heinrich. Auch unsere Nachbarn finden Unkraut besser als Feuer. Sie verstehen die Sehnsucht, etwas wachsen zu sehen und nicht nur das fertige Endprodukt zu haben. Gemeinsam bauen wir Volieren mit Nistkästen für die Wellensittiche, kaufen junge Hunde und jäten gelegentlich auch mal im Garten; warum nicht?

Ferien mit Bora und Mistral

Kaum im Auto, überkommt mich das Gefühl: Ich habe etwas vergessen!

„Das Gefühl hat man immer", sagt meine Nachbarin. Wenn ich nur wüsste, was! Diese Ungewissheit!

Ein paar Kilometer südlich des Elbtunnels sagt Micha: „Mammie? Hast du meinen Anorak?"

„Ich? Nein, wieso ich? Bist du denn ohne Jacke aus dem Haus gelaufen?"

Der Anorak also! Von da ab genieße ich die Reise in Frieden. In den Harburger Bergen fragt Isabelle zum ersten Mal: „Sind wir jetzt da?"

Um von diesem Thema abzulenken und weil es früher Morgen ist, schlägt Theo vor, etwas zu singen. „Wollt ihr trotz des Regens ,Die güldne Sonne' singen oder lieber ,Wie mit grimmgem Unverstand Wellen sich bewegen'?"

„Das kennen wir nicht", sagen die Kinder.

Ich kenne es auch nur, weil es das Lieblingslied unseres früheren Pastors war. Also: „Die güldne Sonne ..." Nach dem vierten Vers werden die Textkenntnisse spärlich. Ich lese noch den zehnten Vers:

„Willst du mir geben, womit mein Leben
ich kann ernähren, so lass mich hören
allzeit im Herzen dies heilige Wort:
Gott ist das Größte, das Schönste und Beste,
Gott ist das Süßte und Allergewisste,
aus allen Schätzen der edelste Hort."

„Das genügt", sagt Theo, „jetzt lies uns noch die Losung vor." Mit der Bitte um Bewahrung und das Gelingen unserer Ferien schließen wir unsere Auto-Morgenandacht ab und fahren weiter in Richtung Süden. Jugoslawien ist unser Ziel; aber weil der Regen stärker wird und unsere Zelte trocken bleiben sollen, verbringen wir die erste Nacht in der Jugendherberge

Ingolstadt. Ordentlich verpackt bleiben also die Zelte zusammen mit vier Koffern, Eimer, Spaten, Bällen, Töpfen, Pfanne, Luftmatratzen, Schlafsäcken, Wolldecken und Zwischenzelt im Kofferraum. Alles hat seinen festen Platz. Ohne Theos Strategie wären wir verloren. Aber auch mit Plan war es mir nach jedem Zelten ein Wunder, dass alles wieder hineinpasste. Später kam sogar noch ein Wasserbehälter dazu. Anfangs ein faltbarer, der sofort ein Loch hatte. Dann wieder ein faltbarer, um Platz zu sparen, dessen Verschluss nicht dicht war. Dann erwarben wir einen 20-Liter-Kanister, den wir am Ende des Urlaubs nicht verkaufen konnten – was entweder an meinem Französisch oder am Objekt selbst lag – und der seine Rückreise mit uns aus der Camargue nach Hamburg machte.

Aber zunächst sind wir auf dem Weg nach Jugoslawien, denn hier – jenseits aller Atlantiktiefs – scheint die Sonne. Wir sehen sie allerdings nicht gleich; es ist bereits dunkel, als wir ankommen. So nehmen wir den ersten Campingplatz, der nicht ausgebucht ist, und fragen weder nach Preis noch Adria-Nähe.

Wir halten an, klappen den Kofferraum auf und ziehen die Zeltsäcke heraus. Sie rollen ein Stück. Die Kinder greifen nach ihnen. Zelten an einem Hang muss man können. Wir können es offenbar nicht. Es ist zu dunkel, um die Steine wegzusammeln und die Disteln rechtzeitig zu bemerken. Wenn man müde genug ist, stört einen beides nicht.

Als wir die Heringe in den steinigen Boden schlagen wollen, ist der Hammer, den Theo ausgepackt hat, nicht da. Auch Isabelle findet ihn nicht. Dänische Nachbarn borgen uns ihren. Unser Hammer liegt, wie wir am nächsten Morgen sehen, mitten unter unserem Zelt. Ein sicheres Versteck.

Endlich stehen die Zelte. Die Kinder haben angefangen, die Luftmatratzen aufzublasen. Wir überhören, dass sie sich davon schwindelig fühlen. Sie sortieren Schlafsäcke und Trainingsanzüge, trinken noch einen Schluck Saft aus der 2-Liter-Flasche im Auto und finden alles schön. Es ist ihre erste Zelttour.

In den Zelten legen wir uns so, dass die Füße abwärts zeigen. Wenn man sich an den Grasbüscheln festhält – oder was immer man durch den Zeltboden greifen kann – und sich gleichzeitig mit den Füßen an der Stirnwand des Zeltes abstützt, kann man eigentlich nicht mehr abrutschen. Schlafen kann man allerdings auch nicht. Das heißt: Ich kann es nicht. Theo und die Kinder schlafen. Es ist sehr gemütlich. Die Zeltwände flattern im Wind wie die Segel eines Segelbootes. Segel können auch Sturm aushalten, unser Zelt nicht. Als gegen Morgen aus dem Wind ein Orkan wird, knicken die Zeltstangen ein, und der weiße Segeltraum sackt über uns zusammen. Zum Glück wird es schon hell, und so benutzen wir die Gelegenheit, um aufzustehen. Susanne war nachts aus dem kleinen Zelt – das mit Hannes darunter inzwischen flach auf dem Boden lag – zu uns gekommen und hatte sich mit ihrer Matratze oben quer gelegt. Aber das hatte nur bewirkt, dass wir alle noch ein Stück weiter nach unten rutschten. Erfahrenere Camper hatten von vornherein darauf verzichtet, ihr Zelt aufzubauen. Sie legten sich unter die Plane, die sie rundherum mit Steinen beschwerten. Von außen betrachtet eine Mischung aus Rübenmiete und Hünengrab, aber ein sicherer, trockener Schlafplatz.

Gegen den Wind und gegen den Hang versuchen wir, die Schlafsäcke in möglichst enge Rollen zu wickeln und unsere Siebensachen wieder in den Kofferraum zu packen. Die Kinder schlafen im Auto weiter, und so verlassen wir – nachdem wir bezahlt haben – diesen Hügel mit Disteln und Steinen, Heuschrecken und Adriablick. Die Schaumkronen auf dem Meer – fantastisch schön in der ersten Morgensonne.

Wir brauchen neue Leinen und Heringe für das Zelt und heißen Kaffee für uns. Unten am Hafen fragen wir den Wirt, der Deutsch versteht: „Ist hier immer solch ein Sturm?"

„Sturm? Das ist kein Sturm! Das ist die Bora! Die Felsen da drüben: kein Gras, kein Strauch, das ist von Bora! Aber: Nicht von Bora reden, sonst geht sie nicht weg."

„Aha! Ist sie oft da?"

„Nein, ganz selten. Nur ein- oder zweimal im Monat."

Wir haben also gleich etwas ganz Seltenes erlebt. So viel Glück hat nicht jeder.

„Wie lange dauert die … dieser Wind?"

„Das kann man nicht wissen, leider!"

Also ist es wohl besser, wenn wir uns von ihr trennen. Wir fahren so lange in Richtung Süden, bis die Schaumkronen auf dem Meer kleiner werden. So kommen wir auf die Insel Pag nach Novalja. Es gibt einen Campingplatz. Gibt es auch freie Parzellen? „Es ist nichts abgeteilt, wenn Sie einen Platz finden, können Sie bleiben."

Wir finden einen ganz am Rande. Nicht unter Pinien, aber ebener, weicher Grasboden. Bei vollem Tageslicht schlagen wir die Zelte auf. Auch der Hammer ist da. Die nächsten Camper in erfreulicher Entfernung. Unsere Erholung kann beginnen. Das Meer glasklar. Ein schmaler, weißer Kieselstrand.

„Kein Sand?"

„Kein Sand! Werft Steine ins Wasser!"

Eine herrliche Bucht! So herrlich, dass mehr als 5000 Camper gekommen sind. Deswegen hat man zwei Sanitäranlagen geplant und auch fast fertig gebaut. Wenn man sie auf dem riesigen Gelände gefunden hat und sie erträgt, ist es gut.

Der Reiseführer äußert sich zurückhaltend über diese Einrichtungen und sagt: „Gelegentlich Wassermangel." Auch darin hat er recht.

Überall sind jetzt Sommerferien, und jedes Mal, wenn wir zum Zelt zurückkommen, hat sich eine weitere Familie in unserer Nähe angesiedelt. Erstaunlich, welch kleine Lücken man für freie Zeltplätze hält. Allzu nahe Nachbarn begrüßen wir mit verwundertem Blick und sehen sie – eine Viertelminute – schweigend an. Wenn sie diesem Blick standhalten, dürfen sie bleiben. Fast alle schaffen es. Nur zwei Familien aus Husum mit Kindern und Koffer-Radios können wir dazu überreden, in eine andere

Ecke umzuziehen. Dabei störte es uns eigentlich nicht, dass sie aus Husum kamen, sondern dass sie sich plattdeutsch und ohne Ende darum stritten, wer Schuld an dem Loch in der Luftmatratze hat. Schließlich hatten wir Ferien in Jugoslawien!

Jemand teilt uns mit, morgens um fünf hätte man eine Chance zu duschen. Aber da wir keinen Wecker haben, haben wir diese Chance nicht. Wir finden es besser, morgens früh quer über die Bucht zu schwimmen und dann über die noch kalten Steine am Strand zurückzulaufen. Danach ist ein heißer Kaffee herrlich. Ich genieße es besonders, dass Theo ihn zubereitet: türkisch; süß, ohne Filter.

Was Zeltnachbarn angeht, ändern wir unser Verhalten im Laufe der Zeit sehr. Sind sie erst einmal da, geben wir ihnen sogar etwas gegen Sonnenbrand, Trinkwasser für den Kaffee und übrig gebliebene Tomatensuppe. Auch solche, die uns für unser Empfinden zu nah kommen, werden freundlich aufgenommen. „Natürlich ist noch Platz!" Theo hilft ihnen – barfuß –, den Camping-Anhänger auf das Distelgelände zu schieben, während ich ihnen einen Saft mixe. Wir haben uns offenbar an Menschen gewöhnt und die Sehnsucht nach einsamen Adriastränden aufgegeben.

Die Kinder sind unkompliziert und passen sich jeder Situation an. Gelegentliches Fieber und Durchfälle werden mit Tee und Salzkeksen behandelt. Weil wir so wenig wie möglich kochen, haben sie immer Hunger und essen alles. Niemand beklagt sich, dass es außer Nudeln, Suppen, Weißbrot, Pfannkuchen und Pfirsichen nicht viel gibt. Wir kaufen Wein und Softeis, man bekommt sogar eine Art Nutella. Damit ist das Ernährungsproblem gelöst. Nur zweimal bin ich drauf und dran, das Kochen ganz aufzugeben. Aber das ist erst später in Frankreich.

Wir sind über die Provence in die Camargue gefahren. Freies Camping direkt am Meer, aber dafür das nächste Trinkwasser elf Kilometer entfernt. 10 000 Camper, Flamingos und Salzseen, Fische in den großen Wellen; man sieht sie gegen den hellen

Himmel. Sonnenuntergänge – und wieder Sturm. Nein, kein Sturm, diesmal ist es der Mistral, wie unsere Nachbarn aus Marseille sagen. Es sei gut, dass der Mistral da ist. Ohne Mistral sind die Moskitos hier unerträglich. Wir haben also wieder Glück mit dem Wind.

Nur gelingt es uns trotz Sandgrube nie, das Wasser auf unserem kleinen Gaskocher bis zum Siedepunkt zu bringen. Auch der Versuch scheitert, Pfannkuchen windgeschützt in einem Kochtopf zu backen. Ein anderes Mal – es ist in der Provence – braucht Micha Tee. Er hat Durchfall, verursacht durch Softeis und Pfirsiche und langes Baden in kalten Flüssen.

Ich setze etwas Wasser in einem Topf mit Deckel auf. Als das Wasser fast kocht, stolpert Susanne über diesen Aufbau, den ich im Windschutz einer Zeltecke sich selbst überlassen habe. Es geht ohne Brandwunden ab. Also: neues Wasser holen, neuer Versuch. Mittendrin bricht das Zischen des Kochers ab, die Gasbombe ist leer. Das passiert ja. Johannes schraubt eine neue Bombe an. Irgendwann – ich habe inzwischen Wäsche gewaschen und mich gesonnt – kocht das Wasser tatsächlich. Ich mache den Tee und lasse ihn abkühlen. Als er kalt ist, sage ich:

„Micha!! Dein Tee!!" Micha antwortet: „Ich mag keinen Tee!"

Aber – abgesehen vom Kochen haben wir viel Glück. Besonders mit dem Wetter. Es gibt nur eine Regennacht, und die war noch in Jugoslawien. Unser Zelt ist zwar imprägniert, es regnet aber trotzdem durch. Es sprüht wie aus unendlich feinen Düsen auf unsere Gesichter. Was man zu Anfang als Erfrischung empfindet, wird bald lästig. Im Morgengrauen kriechen wir aus den Zelten und sagen – auf Trost hoffend – zu unseren Nachbarn: „Bei uns regnet es durch!"

„Ja, das ist so bei neuen Zelten, das erste Mal regnet es durch." Die anderen sagen: „Sprühregen? Bei uns schwimmen die Luftmatratzen. Das trocknet alles wieder!" Aber wir wischen und trocknen, alles auf den Knien. Die anderen tun gar nichts. Sie sitzen und trinken Kaffee; eben so, wie man sich Ferien vorstellt.

Unsere holländischen Freunde reisen ab. Wir machen ihnen noch einen Kaffee mit Milch und Zucker und verabschieden uns herzlich. So werden wir immer beliebter. Vorher haben sie uns noch beschworen, in das Innere Jugoslawiens zu fahren, zum Nationalpark und den Wasserfällen. Den Weg haben sie uns so eingehend mit Landkarten, Postkarten und Geheimtipps beschrieben, dass wir es unrecht fanden, einfach nach Italien weiterzufahren. Wir versprechen, nichts auszulassen. Es ist auch Zeit aufzubrechen: Zwei Zelte haben uns den Adriablick verbaut, überall hängen Wäscheleinen. Lange Wartezeiten für Trinkwasser, nebenan brät jemand Fische, die er nachts gefangen hat. Ein junges Paar sagt: „Heiraten ist Quatsch!" Ihr Zelt ist so klein, dass der Hund nicht mit hineinpasst.

Wir fühlen uns wie in einem Flüchtlingslager. Also packen wir die Sachen ein, was im Grunde einfacher ist als aufzuräumen. Zunächst fahren wir denselben Weg zurück: von der Insel auf das Festland, dann an der Adriaküste entlang. Anstrengend, aber schön. Auf einem Felsvorsprung eine kleine Kirche mit Glockenturm. Ich wünsche mir so sehr, anzuhalten und dort einfach eine Stunde zu sitzen, ohne zu reden, nichts zu tun. Es erscheint mir wie eine Stelle, wo sich Himmel und Erde berühren. Die Sehnsucht nach Ruhe und Gebet – aber wir sind schon vorbei und fahren über das steile Küstengebirge in Richtung Nationalpark und Postoina.

Der Park, bei dem wir auf Ursprünglichkeit und Urwald gehofft hatten, erweist sich als ein durchkommerzialisiertes Gehege mit Knüppelpfaden und einem regelmäßigen Wechsel von Forellenteichen (Angeln nur mit Schein!) und Andenkenläden. Menschenmassen schieben sich über nummerierte Wege. Die Landschaft wäre sicher schön, hätte man nur eine Chance, sie zu sehen. Aber das geht nicht. Man wäre dann seinem Vordermann unweigerlich auf die Hacken getreten.

Die Höhlen mit dem berühmten uralten Fisch und dem unterirdischen Fluss in Postoina sind in der Tat überwältigend, aber auch sehr kalt. Alles Sehenswerte sieht und betritt man in Gruppen. Es ist uns eigentlich nie recht gelungen, uns vom allgemeinen Touristenstrom abzusetzen. Falls das in Europa überhaupt noch möglich ist, bedarf es dazu wohl origineller Einfälle, als wir sie haben. Jemand sagt, in Finnland sei das noch möglich. Aber das ist uns zu weit.

Unsere Vorräte gehen langsam zu Ende. Shampoo haben wir längst nicht mehr; es geht auch mit Geschirrspülmittel, das ja gerade wegen seines Glanzes gepriesen wird. Meine Ledersandalen reibe ich mit einem Naturschwamm aus der Adria blank, auf den ich Sonnenöl träufele. Trotzdem fahren wir weiter nach Italien. Das ergibt sich sozusagen von selbst, wenn man der Straße folgt.

Wir kommen in die Gegend von Venedig: nach Punta Sabbioni. Wieder gibt es ein wildes Camping zwischen Weiden und Dünen. Das gefällt uns besser als die übervollen Plätze, die außerdem sehr teuer sind, weil zugleich Yoga, Diskothek, katholische Messe und Bowling angeboten werden. Inzwischen können die Kinder ihr Zelt selbst aufbauen und die erschöpften Eltern auf Trinkwassersuche gehen.

Von einem eingefallenen Bunker in der Nähe holen wir ein paar Betonbrocken, die sich als Tisch und Stühle eignen. So vermeiden wir die kriechend-kniende Haltung, die sich mit der Zeit auch auf die Seele auswirkt. Aufrecht und frei sitzen wir und braten vorgefertigte Hamburger. Es gibt Nudeln – wie immer – dazu Wein und Milch. Das Glück ist vollkommen. Venedig, das man im Dunst über dem Meer mehr ahnt als sieht, liegt vor uns. Morgen oder übermorgen – keiner kann uns etwas vorschreiben – wollen wir mit dem Schiff hinfahren, damit den Kindern dieser Anblick von Kunst und Kultur, Geschichte und Reichtum nicht entgeht. Alles wollen wir sehen: Dogenpalast und Gemäldegalerie, Markusdom und Markusplatz – solange wir uns in der Hitze auf den Beinen halten können.

Wegen der Hitze und um zu sparen, haben wir Flaschen mit Orangensirup und Pfirsiche mitgenommen. Damit die Pfirsiche nicht noch matschiger werden, essen wir sie gleich am Morgen in einer Ecke auf dem Markusplatz, wo keine Tauben gefüttert werden.

Wir wissen zu diesem Zeitpunkt noch nicht, dass wir erst am Abend einen Wasserhahn zum Händewaschen finden werden. Überhaupt scheint ganz Venedig nur zwei Toiletten zu haben. Die Zahl dieser Einrichtungen steht in einem merkwürdigen Verhältnis zu den sonstigen Sehenswürdigkeiten. Wir verstehen dies als Hinweis, dass man zu solchen Zwecken eben Restaurants aufsuchen soll.

Wegen der Größe unserer Familie und der atemberaubenden Höhe der Preise gehen wir in einen Schnellimbiss. Sechs Portionen Spaghetti: 18,– DM. Die Bedienung und das Abräumen gehen tatsächlich so schnell vor sich, dass es den Kindern nicht gelingt, ihre Coca auszutrinken; auch sonstige Vorhaben lassen sich dort nicht ausführen.

Überall Gruppen und Fremdenführer, Erklärungen in allen Sprachen. Eine Frau hält sich einen leise surrenden Handventilator vor das Gesicht. Venedig erleben und überleben! Ein Vater sagt: „Ne Erholung is soon Tag nich!" Er spricht aus, was ich denke. Dankbar drehe ich mich zu ihm um.

Kunstwerke sind schön. Kirchen erhebend und zugleich schrecklich in ihrer Pracht, aber mit klebrigen Händen? Man sollte Venedig ohne Kinder besuchen, ohne Pfirsiche und Orangensaft. Vielleicht im Winter, wenn man etwas vom Mosaikfußboden des Markusdoms sehen kann.

Überhaupt wollen wir nächstes Mal manches anders machen. Wir brauchen weniger Kleidung, mehr Zeltausrüstung und einen Zeltboden, der sich in jeder Schräglage gerade stellt. Wir brauchen einen kleinen Tisch und zwei Stühle, damit wir nicht wieder mit ansehen müssen, wie entspannt andere in ihren Campingsesseln liegen, Kaffee und Radio vor sich auf dem Tisch, während wir vor unserem Gaskocher knien und warten, ob das Wasser nun kochen wird oder nicht. Ein Kocher, der kocht, wäre schön. Wir würden den Sandsturm in der Camargue – ich meine den so nützlichen Mistral – besser überstehen, weil wir den Sand zwischen den Zähnen ja mit heißem Tee wegspülen könnten.

Auch in die Provence werden wir wieder fahren: an unseren Fluss und zu der Pinie, in deren Geäst Micha einen besonders schönen Stein versteckt hat. Wir finden sie wieder, links von der Straßenbiegung war es.

Als wir nach diesen fünf Wochen wieder in unser Haus nach Hamburg kommen, erscheint es uns wie ein großer, grauer Palast mit vielen Räumen, alle rechtwinklig. Es gibt fünf Wasserhähne, Sanitäreinrichtungen, aber keine Flamingos und Salzseen, keine Reiher und Fische, keine Flüsse und Felsen, kein Meer und keine Kiesel.

Wir freuen uns schon auf unsere nächsten Ferien mit Bora und Mistral, vier Kindern und zwei Zelten.

Drittes Kapitel

Aus hundert Türen
ruft es Mammie??!!

Und wer sind Sie?

Dass aus hundert Türen jemand nach mir ruft, ist natürlich übertrieben, wir haben ja nur fünfzehn. Und trotzdem habe ich manchmal den Eindruck, dass es hundert sind. Ich weiß, Kinder brauchen nervlich belastbare Mütter. Aber dann und wann brauchen Mütter nervlich belastbare Freunde und Nachbarn, die sagen: „Die Kinder? Kein Problem! Schick sie doch zu uns! Den Dackel auch, und fahr mal mit deinem Mann weg!"

So fuhr ich mit Theo zu einer theologischen Konferenz nach London, an der ich als Gast teilnehmen konnte.

Bei der Begrüßung fragte einer: „Und wer sind Sie?"

„Ich bin Theos Frau."

„Ist das alles?"

„Ich finde, es ist viel!"

Freundliches Lächeln. Etwas später sagt ein anderer: „Und was machen Sie?" Ich habe aus meiner ersten Antwort gelernt und sage: „Ich bin Pastorin."

„Oh, wie interessant!"

„Ja."

Der Beruf der Ehefrau und Mutter, der „Nur-Hausfrau", gilt nichts. Er lässt sich nur negativ beschreiben als der „totale Job" und das „Pseudo-Leben". Kein wirkliches Leben also, sondern eine Arbeit, nicht vorweisbar, nicht bleibend, nicht beachtet und nicht anerkannt, weil nicht bezahlt. Ein Beruf ohne zeitliche Begrenzung, ohne Ferien, ohne Fortbildung und Altersversorgung.

Was eine Mutter tut, sieht man nicht. Man sieht nur, wenn sie es einmal nicht tut. Dann sieht man die Unordnung, den Abwasch und die Wäsche, die Löcher in den Hosen. Kinder, die zu spät in die Schule kommen, ohne Brot und ohne die Vokabeln zu können. Aber das geschieht natürlich nicht. Denn die Mutter ist ja im Hause, immer. Und eben diese selbstverständliche Präsenz macht sie müde, erschöpft sie. Das Dilemma ist groß.

Man kann diesen unmöglichen Beruf aber auch unter anderen Aspekten sehen als unter denen der fehlenden öffentlichen Anerkennung und Bezahlung. Etwas heiterer vielleicht. Anstatt verbissen um mein Recht zu kämpfen und mich gegen jedermann und meinen Mann zu behaupten, könnte ich danken für unser Glück und die Liebe, die ich durch ihn erfahre. Ohne seine Liebe wäre alles sinnlos. Ich könnte den Luxus genießen, dass meine Zeit mir gehört, und die Chance wahrnehmen, selbst zu entscheiden, was wichtig und was unwichtig ist. Ich habe Zeit für Menschen in meiner Nähe.

Mitten am Vormittag kann ich mit meiner Nachbarin Kaffee trinken. „Ich lass' meine Zigaretten mal gleich bei dir", sagt sie. Oder ich kann mich zwischendurch an den Schreibtisch setzen, um einen Brief zu schreiben; nicht einen, den ich schreiben muss, sondern einen, den ich an jemanden schreiben möchte, der mich versteht und mir zuhört. Natürlich werde ich gestört und unterbrochen. „Ich wollte bei dir sitzen", sagt Isabelle, „damit du nicht allein bist!" Wie gut, dass ich nicht allein leben muss!

Das Alleinsein ist schwerer zu ertragen als Kinder, die mit klebrigen Fingern auf mein Knie fassen und sagen: „Schmeck mal! Die Suppe hab' ich selbst gekocht, das Rote ist vom Ketchup." Dank und Freude helfen gegen Frustration. Ich sehe oft gar nicht, wie gut ich es habe. Ich sehe wenig von Gottes Segen und Reichtum, Bewahrung und Barmherzigkeit, weil ich stumpf und blind bin. Alles wird fade und ohne Glanz. Aber Gott, der die Blinden sehend macht, kann auch meine Augen öffnen, damit ich aufmerksam und sorgfältig werde: darin, wie ich Dinge in die Hand nehme und Menschen begegne, auch darin, wie ich auf sein Wort höre und antworte.

Gott hat euch zu seinen Heiligen und Geliebten erwählt.
Nun soll euer Leben ein Fest sein.
Kleidet euch königlich. Euer Festgewand sei Barmherzigkeit,
Freundlichkeit, Bescheidenheit, Achtsamkeit und
Geduld. Haltet es miteinander aus und verzeiht einander,
wenn ihr euch gegenseitig Vorwürfe zu machen habt,
Christus hat euch verziehen. Tut es nun auch gegenseitig.

Kolosser 3,12-13 (nach Jörg Zink)

Einen schönen Abend wünsch' ich dir

So sagte meine Schwägerin am Telefon. Sie hatte nach acht Uhr angerufen, weil dann ja die Kinder im Bett sind. Ich ließ sie bei ihrer schönen Vermutung. Immerhin später am Abend kam ich tatsächlich dazu, etwas zu lesen. Zum Beispiel, dass nur eine Mutter, die auf ihr eigenes Glück achtet, ihren Kindern zum Lebensglück verhelfen kann. Glückliche Mutter, glückliche Kinder! – Wer wollte dem widersprechen. Auch ich bin dafür!

Glück – das heißt für mich manchmal, wenn ich allein bin, ein

Buch zu haben und es so lesen zu können, dass ich nicht dauernd den Faden verliere. Oder eine Platte zu hören, ohne dass jemand dazwischenfragt: „Und wann kann ich meine Platte hören?", oder dazwischenflötet: „Zizibe, Sonn' verschluckt den letzten Schnee ..." Glück, das heißt einen Brief ohne Eile zu schreiben und nur eine Sache zurzeit zu tun.

Mein Glück dauert etwa sieben Minuten. Dann kommt Susanne aus ihrem Zimmer zurück. Es ist halb zehn inzwischen. Sie ist hellwach und aufgeregt: „Mammie? Meine Hyazinthe kriegt einen neuen Ableger! Wird das eine Blüte? Es sieht so komisch aus. Auf der Seite zum Licht hin ..." Also sehe ich lieber einmal nach. Eine neue Zwiebel bildet sich, zwei sogar! Das habe ich so auch noch nie gesehen. „Die Hyazinthe sorgt schon jetzt für die Blüte im nächsten Jahr, ist das nicht toll?"

„Ja, schlaf gut, Mammie!"

„Du auch."

„Mammie? Verträgt es der Hibiskus, wenn ich das Fenster etwas aufmache?"

„Nein, ich glaube nicht. Es sind zwei Grad unter null, er schlägt gerade neu aus. Mach doch das Flurfenster auf!"

„Ja, schlaf gut!"

„Du auch!"

„Mammie? Das Flurfenster klemmt, weil wir es nie aufmachen. Kannst du es mal aufmachen?"

„Ja."

Die Blumen haben Wärme, die Kinder frische Luft. Ich setze mich erneut an den Schreibtisch. Der Dackel möchte nach draußen. Kein Problem! Ich lasse ihn in den Garten, wie immer. Weil es ihm zu kalt ist, will er gleich wieder herein. Irgendjemand zündet noch einen vergessenen Feuerwerkskörper. Der schreckhafte Hund bellt. Er kann sich nicht wieder beruhigen. Micha wacht auf. Er hustet. Er hat wirklich Husten.

„Mammie? Gibst du mir mal Hustensaft?"

„Ja."

„Nein, ich möchte lieber den aus der braunen Flasche, der schmeckt so wie die Kräuterbonbons, weißt du noch? Heute in der Reklame im Fernsehen …"

„Ja, also nun schlaf!"

„Ja, du auch!"

Der Dackel kratzt jetzt an der anderen Tür. Damit die Scharten nicht noch tiefer werden, mache ich schnell auf. Ihm war eingefallen, dass er da noch einen Knochen hatte. Er schleppt den Knochen ins Haus und frisst ihn krachend auf dem Teppich. Als er fertig ist, beseitige ich die Reste und mache das Licht auf dem Flur zum sechsten Mal aus. Der Dackel legt sich schlafen. Wenn Isabelle jetzt nicht wieder Nasenbluten kriegt oder ein Wellensittich Fieber, habe ich einen ruhigen Abend vor mir. Um elf Uhr will ich den japanischen Spielfilm sehen: „Frau, sei wie eine Rose …" Auch Micha scheint es um diese Zeit nach Poesie zu verlangen. Ich höre, wie seine Spieluhr spielt: Maikäfer flieg … Der Film ist langweilig. Vielleicht bin ich auch nur zu müde. Ich sollte ins Bett gehen! Aber ich bin doch nicht nur Köchin und Nachtschwester, Putzfrau und Schneiderin, Unterhalterin und Serviererin für meine Kinder! Doch nicht „nur"! Ich arbeite gern, viel und schnell, aber nur von Arbeit kann ich nicht leben. Ich brauche Pausen und Zeit für mich, ungestörte Zeit zum Lesen und Hören, Nachdenken und Beten – selbst wenn es spät ist.

Sonst zerflattert mein Tag, die Zeit verrinnt mir unter den Händen, und ich bin unzufrieden und ungenießbar.

Ich brauche ein Gegengewicht zu dem Hin- und Herlaufen, Aufstehen, Aufräumen und Ordnen. Wenn ich die Betten im Schlafzimmer machen will und dabei an den Kinderzimmern vorbeikomme, komme ich nie bis zum Schlafzimmer. Das ständige Umkehren und Unterbrochenwerden macht müde. Ohne auszuruhen, bin ich schnell erschöpft. Aber Gebet – die Kraft daraus – erhält mich.

Ich bin wie ein Sessel

„Musst du denn jetzt – drei Tage vor der Konfirmation – noch anfangen, dein Sperrholzboot zu bauen?", sage ich zu Johannes. Er fragt zurück, ob es mir denn lieber wäre, wenn er wie die andern auf der Straße rauchen würde. „Nein! Ich dachte nur an die Späne und Farbflecke und so …"

„Sonst bist du doch immer so dafür, dass wir basteln und werken."

„Ja."

Ich bin wirklich dafür, dass sie spielen und ihre Fantasie entwickeln. Aber wer sammelt nach dem Schneiden, Kleben, Malen und Nähen die Schnipsel wieder auf? Auch Tiere sind wichtig. Aber wer versorgt sie, wenn die Kinder es vergessen? Keksebacken ist schön, nur wer kratzt den Kuchenteig vom Küchenfußboden? Und wer kauft ständig neue Zutaten ein? Überhaupt das Einkaufen! Es ist zur Zeit mein Albtraum.

Mitten in diesem Albtraum klingelt es an der Tür. „Du, ich war gerade in der Nähe", sagt Beate, „da wollte ich mal sehen, ob du zu Hause bist."

„Wie nett! Komm herein. Ich bin eigentlich immer zu Hause. Ich habe mir gerade überlegt, dass ich in den letzten drei Jahren, die wir nun wieder in Deutschland sind, allein zweitausend Liter Milch geschleppt habe: vom Laden ins Auto, vom Auto ins Haus und die leeren Tüten dann wieder in den Müll. Unglaublich all die Lebensmittel, die durch die Mägen geschleust werden! Dann das Kochen und danach der Nachmittag mit den Schularbeiten, wo die Kinder ihren Launen freien Lauf lassen. Ich fühle mich wie ein Sessel, in den sich jeder fallen lässt …"

„Komm", sagt Beate, „wir machen uns erst mal einen Kaffee. Es ist so warm, wir könnten fast draußen sitzen!"

„Nimmst du Milch?"

„Ja, gern!"

„Entschuldige, ich wollte dich nicht so damit überfallen.

Schließlich hast du mit deinen fünf Kindern ja noch mehr zu tun."

„Nein, das glaube ich gar nicht. Unsere Kinder sind ja älter und haben gelernt, dass ich nicht jederzeit für sie da bin. Heute Nachmittag zum Beispiel bin ich einfach weggefahren. Ich weigere mich, so etwas wie ein Sessel für alle zu sein. Ich finde, das ist nicht recht. Schließlich bin ich auch mal müde und habe meine eigenen Pläne und Wünsche. Darauf müssen sie Rücksicht nehmen. Weißt du, wenn ich jetzt auf alles verzichte, dann bin ich später, wenn die Kinder aus dem Haus sind, ganz leer und ausgepumpt und habe keine Kraft mehr für eigene Ideen und Vorhaben."

„Und schaffst du das? Ich meine, dass du zu deinem Recht kommst?"

„Ja, meistens. Die Familie hat natürlich Vorrang, aber ich stehe ihr nicht total zur Verfügung. Ich brauche gelegentlich den Abstand, dann kann ich sie wieder umso mehr genießen."

„Ja, du hast sicher recht. Nur – solange die Kinder noch klein sind, ist so viel zu organisieren und zu planen, bevor man wegfahren kann, dass es sich meistens nicht lohnt. Und eigentlich bin ich auch gern zu Hause. Da habe ich alles um mich herum, was ich brauche: Tische und Scheren, Papiere und Farben, Schreibmaschine und Nähmaschine, Flöte und Bücher …, und ich schleppe ja auch nicht jeden Tag Milchtüten. Du, der Kaffee tut mir gut, und du tust mir auch gut."

„Trotzdem", sagt Beate, als sie wieder ins Auto steigt, „fahr mal weg. Lass einmal alles hinter dir zurück."

Als ich – eine Woche später – am Altonaer Bahnhofsschalter meine Fahrkarte besorgt habe, gehe ich zum Kiosk und kaufe vier kleine Mitbringsel für die Kinder. Der älteren Dame, die mir im Zug gegenübersitzt, erzähle ich von unseren liebenswerten, originellen Kindern, und zwar ohne dass sie mich danach gefragt hätte. Müttern ist eben nicht zu helfen!

Für ein Lächeln deiner Gnade

Für ein Lächeln deiner Gnade
ginge ich, Herr,
bis an das Ende der Erde.

Für ein Lächeln deiner Gnade
ginge ich, Herr,
bis an das Ende der Zeit.

Für ein Lächeln deiner Gnade
ginge ich, Herr,
bis zur Verleugnung meiner selbst.

Aber
um bis ans Ende der Erde zu gehen
oder bis ans Ende der Zeit
oder bis zur Verleugnung meiner selbst,
brauchte ich schon das Lächeln deiner Gnade.

O Vater,
der du uns zuerst geliebt in deinem Sohn
Jesus Christus,
lass uns heute aus Liebe empfangen
das Zeichen deiner Gegenwart,
ihre Zartheit, die uns stärkt,
ihre Kraft, die uns ermöglicht zu lieben
wie du.

Schwester Myriam

Ich möchte einmal allein sein

„Mammie? Susi ärgert mich immer!" Micha kommt ins Wohnzimmer gerannt, das den größten Teil unseres Ferienhauses in Dänemark ausmacht.

Susi sagt: „Micha ärgert mich auch!"

Micha: „Aber nicht so lange!"

Da sage ich: „Wisst ihr was, ich möchte einmal allein sein. Ich möchte ein Stück am Strand entlanggehen."

Schweigen.

Micha fasst sich am schnellsten und erklärt: „O ja, ich komme mit!"

„Ich wollte doch gerade allein gehen!"

Micha: „Ja, wir beide, ganz allein!"

„Na gut, wir beide!"

„Och, und wir?", protestieren die anderen.

„Wir gehen auch, und dann treffen wir dich ganz zufällig", sagt Theo.

„Nein!"

Ich bin dann tatsächlich ganz allein in eine Wollfärberei gegangen, weil mich das Färben mit Blättern und Gelbholz interessiert. In Papua-Neuguinea habe ich selbst Wolle mit tropischen Pflanzen und Baumrinde gefärbt.

Die Familie ging ins Dorf, kaufte sich Softeis und überlebte eine Stunde ohne sichtbare Schäden. Deshalb wage ich am Abend zu sagen: „Wisst ihr was? Ich möchte einmal im Monat einen freien Tag haben." Und da von den Ferien aus gesehen der Alltag weit weg ist, sagen alle: „Ja, kannst du haben! Kein Problem!"

Theo ist auch sehr dafür. Das gibt mir ein Gefühl von Freiheit und Leichtigkeit. Dass wir beide diesen Tag manchmal vergessen und dass er in manchen Monaten des Reisens einfach „ausfallen" muss, macht nichts. Grundsätzlich habe ich meinen freien Tag.

Ich danke dir, Herr, dass ich eine Familie habe.
Mein Leben hat einen Sinn,
weil ich für sie alle da sein kann.
Aber manchmal bin ich müde und bitter,
denn oft sehen sie nicht, wie sehr ich mich
um sie alle mühe
und selbst mit meinen Wünschen und Bedürfnissen
zu kurz komme.
Hilf mir zu unterscheiden
zwischen den notwendigen Opfern
und den falschen Verzichten,
die ich mir selbst auferlegt habe.
Schenke mir Mut, auch mir selbst
den Freiraum zu schaffen,
den ich zur Entfaltung meines eigenen Lebens brauche.

Frauengebetstag, März 1980

Ein Dienstagmorgen in der Küche

Hannes kommt verschlafen in die Küche, lässt sich auf den gelben Metallhocker fallen und sagt: „Sieben Stunden, und dann auch noch die Kampe in der letzten, entzückend!! Da ist man richtig k.o."

„Ja, ich finde sieben Stunden auch unmöglich. Das kommt nur, weil der Sonnabend frei ist. Besser wären jeden Tag fünf Stunden!"

„Sonnabends Schule, wär' ja wohl das Letzte. Kann man sich überhaupt nicht mehr erholen!"

Susi: „Warum hast du uns so spät geweckt?"

„Ihr habt euch nur so langsam angezogen! Hat der Hund schon sein Futter gekriegt?"

Susi: „Nein, du hast mir ja nichts gegeben!"

„Du musst an deinen Hund selbst denken."

Sie holt einen völlig verschmutzten Fressnapf. „Susi, den musst du erst mal saubermachen!"

Sie versucht es, aber er ist völlig verklebt.

Während ich mit einem alten Topfschrubber darauf herumschrubbe, sage ich: „Du willst alles Mögliche werden: Tierpflegerin, -filmerin, -forscherin ..., aber einen Dackel gut versorgen, das kannst du nicht! Tiere sind eben auch mit Arbeit verbunden."

Inzwischen kommt Isabelle in die Küche getorkelt. „Mammie? Ich will auch essen!"

„Isi, geh noch in mein Bett, bis die großen Kinder aus dem Haus sind!"

„Nein."

„Dann setz dich hier auf den Hocker!"

„Nein, ich will auch an der Heizung sitzen."

Hannes sagt: „Ich geh' ja schon!" Susanne geht zehn Minuten später.

Micha kommt, schlechter Laune wie immer, wenn er aufsteht. „Warum musst du mich immer ärgern? Du hast bei uns das Fenster aufgemacht, und der Wind hat mein Plakat von der Wand geweht. Nun ist da ein Knick drin." Er ist wütend. Ich gehe hin, hänge das Plakat wieder auf und sage: „Ich wollte doch nur, dass ihr frische Luft beim Schlafen habt."

Micha sieht den leeren Esszimmertisch und sagt: „Warum ist das Frühstück nicht fertig?"

„Es ist fertig, es steht auf dem Küchentisch!"

„Ich mag kein Knäckebrot! Das weißt du!"

„Dann iss Weißbrot. Schwarzbrot müssen wir erst backen. Dabei könnt ihr mir gleich helfen, dann kriegt ihr den Messlöffel und den Mehlsack zum Spielen!"

Wir backen Brot, und dabei glättet sich die Welt wieder. Beide wollen nun mit Löffeln, Tüten und Schüsseln draußen in der Sandkiste spielen. Der Sand ist noch mit Raureif überzogen und leicht gefroren, aber sie graben etwas tiefer. Sie buddeln und spielen, als wäre es Sommer. Lange halten sie es nicht aus. Gerade lange genug, dass ich in Ruhe eine zweite Tasse Kaffee trinken und die Losungen lesen kann, auch den Abschnitt aus dem Hebräerbrief, über den ich in zwei Wochen predigen soll.

Die Haustür geht. Ich denke, es sind die Kinder, und sage: „Na?" Jemand sagt: „Na?" Aber es klingt nicht nach Micha oder Isi. Ich sehe nach. Eine alte Dame – grauer Mantel, roter Hut – steht im Flur und fragt: „Ist hier der Englischkurs?" – „Nein, der ist einen Eingang davor." – „Entschuldigen Sie bitte!" – „Bitte."

Das Brot muss jetzt in den Ofen. Der Dackel nach draußen. Die Wäsche in die Maschine, das Geschirr auch. Der Brief zur Post. Kinderzimmer, Schlafzimmer … Ich freue mich schon auf den Nachmittag; darauf, in Ruhe an meiner Predigt zu arbeiten.

Um halb drei kommt Johannes zurück: „Ein einziger Stress ist das, diese Schule, absolut öde und langweilig …"

Ich halte das Stöhnen und Klagen nicht mehr aus und sage:

„Weißt du was – vielleicht hast du recht! Ich komme einmal mit! Ich möchte einmal sehen, wie das ist, sieben Stunden in der Klasse zu sitzen!"

„Das tust du ja doch nicht!"

„Doch! Ich werde an euren Direktor schreiben und ihn bitten, mir das zu erlauben."

Der Direktor erlaubt es. Die Lehrer willigen ein. Die Mitschüler finden es prima. Ich sitze in der letzten Reihe.

Der Lehrer kommt in die Klasse, wovon niemand Notiz nimmt. Er setzt sich auf den Tisch und wartet, dass Lärm und Getöse langsam abebben. Er hofft, dass seine Ruhe auf die Schüler ausstrahlt. Aber so sensibel reagieren die Schüler nicht. Dazu kommt das Scharren der Stühle von der Klasse über uns. Als relative Stille eintritt, nimmt der Lehrer diese Chance wahr, um zu beginnen. Nach zwanzig Minuten ist eine Konzentration auf das Thema nicht mehr möglich. Der Lehrer lässt jetzt schreiben.

Ein Schüler packt sein Brot aus. „Kannst du nicht in der Pause essen?" „Ja, aber im Unterricht macht es mehr Spaß!"

Wie lang eine Stunde ist! Ich hatte das vergessen. Und davon sieben!

In der zweiten Stunde unterrichtet eine Lehrerin. Sie erklärt gut und klar, tut aber nichts dagegen, dass alle durcheinanderreden. Sie wirkt müde und ohne jede Begeisterung. Anschließend gibt es einen Vertretungslehrer, der Mathematik geben soll, die Parallelklasse ist dazugekommen. Die Schüler haben keine Lust. Sie sagen: „Wir rechnen Ihre Aufgaben erst, wenn Sie unsere Aufgabe, die wir Ihnen stellen, gelöst haben."

An der Decke klebt ein angefeuchteter Tafellappen, und die einzige Spannung dieser Stunde besteht im Warten darauf, wann er wohl herunterfällt.

Der Lärm wächst. Ich sehne mich danach, dass der Lehrer die Nerven verliert, die Klasse anbrüllt und so Ruhe schafft. Kommunikation ist längst unmöglich geworden. Auch die Schüler können sich nicht mehr verständlich machen.

Nach der sechsten Stunde frage ich eine Lehrerin: „Wie halten Sie diesen Lärm bloß aus?"

„Wieso? Heute war es doch leise! Man gewöhnt sich daran." Die siebte Stunde fällt aus, wofür ich dankbar bin. Ich bin völlig erschöpft vom Lärm. Wie friedlich verläuft dagegen mein Tag! Ich verstehe, dass Hannes nach solchen Vormittagen kaputt ist. Nur: Ich kann nichts dagegen tun! Aber ich weiß, wovon er redet, wenn er stöhnt.

Wieso fandst du es anstrengend?

In der Schule war im Rechnen das Teilen mit zweistelligen Zahlen dran. Susanne hatte wegen Grippe drei Wochen gefehlt. Nun müssen wir dies nachholen. Sie hat eine Zahl errechnet – mühsam und sorgfältig, aber nicht gleich aufgeschrieben und deshalb vergessen.

Susi schimpft und weint. Ich sage: „Rechne es doch eben noch einmal!" Das war offensichtlich falsch! Sie explodiert vor Wut, heult und schlägt auf den Tisch. Ich denke: Wie gut, wenn man Wut so zeigen und austoben kann!

Nach einer Weile sage ich: „Du bist wütend, dass du die Zahl vergessen hast!"

„Nein! Ich bin wütend auf das Rechenheft!" Sie knüllt das Heft. „Willst du es verbrennen?"

„Ja, aber ich finde keine Streichhölzer!"

„Nimm mein Feuerzeug!"

„Nein!"

Sie knüllt das Heft noch einmal und wirft es auf den Boden, sich selbst auch. Sie heult, schreit und strampelt. Isabelle traut sich nicht in ihre Nähe. Sie kommt zu mir, ganz lieb, ganz Schmeichelkatze nach dem Motto: Guck mal, wie lieb ich dagegen bin! Dass ich mich mit Isabelle beschäftige, ärgert Susi noch mehr. Ich sage: „Wenn du fertig bist mit der Wut, dann gehen wir zusammen ein neues Rechenheft kaufen."

„Ich gehe nicht!"

„Aha."

„So nehme ich Micha mit in mein Zimmer, weil er noch ein Stück für die Flötenstunde üben muss.

Susi kommt uns nach. „Wann bist du endlich fertig mit Micha?"

„Gleich."

Langsam beruhigt sie sich; die Wut ebbt ab. Alle wollen mit, um das eine Heft zu kaufen. Damit es sich lohnt, kaufen wir auch gleich noch ein Paket Eis und Hustenbonbons. Ich sehe die Brötchen und sage: „Eigentlich möchte ich ein Brötchen essen und richtig schön Kaffee trinken!"

„O ja, Mammie, für jeden eins!"

Wir machen es uns gemütlich in der Küche. Von Rechnen spricht keiner mehr. Aber es ist dann anschließend in zehn Minuten fertig, sauber geschrieben im neuen Heft. Für Deutsch waren es auch nur ein paar Sätze.

Ich habe dann noch etwas zu nähen und zu flicken. Susi kommt mit und setzt sich zu mir. „Mensch", sage ich, „war das anstrengend, so ein Wutanfall!"

„Wieso fandest du es anstrengend? Ich hab' doch geschrien!" Aber sie ist bereit, mir zu helfen. Sie räumt den Schrank der Kleinen auf und macht ihnen Leberwurstbrot zum Abendessen.

Als ich die Kinder später ins Bett bringe, sagt Susi in ihrem Abendgebet: „Lieber Gott, vielen Dank für diesen schönen Tag!"

Du weißt nicht, wie schwer es für mich ist!

Auf dem Zettel, den Susanne mir auf den Schreibtisch warf, stand: „Du weißt nicht, wie schwer das für mich ist, wenn keiner mich mag, außer Teddy, Väti und der liebe Gott. Ja, das weißt du nicht! Warum vertragen wir uns nicht wieder? Und warum hast du mein Geschenk weggeschmissen? Susi."

Ich bin erschrocken über solchen Kummer einer Neunjährigen. Natürlich – ich war enttäuscht und wütend und habe mit ihr geschimpft. Sie war ungezogen. Deswegen habe ich auch ihr gemaltes Bild in den Papierkorb geworfen. Aber ich habe sie nicht so tief treffen wollen.

Ich rufe: „Susi, komm mal her!"

„Nein!"

„Komm doch! Es tut mir leid! Komm, wir vertragen uns wieder!"

Sie sitzt auf meinem Schoß und schluchzt. Gemeinsam holen wir das Bild aus dem Papierkorb. Es ist nicht zerrissen, nur zerknüllt. Wir bügeln es. Die Falten bleiben, aber wir bewahren es auf. Susi ist getröstet. Und weil wir gerade beim Bügeln sind, bügeln wir gleich weiter. Susi nimmt die Taschentücher und ich die Blusen und Hemden. Das hätte ich schon längst tun sollen. Keiner stört uns. Kein Telefon, kein Kind. Fast könnte ich Bügeln schön finden.

Da fragt Susanne ganz unvermittelt: „Was hättest du lieber, dass du alle Dinge herzaubern könntest oder dass du machen könntest, dass du nie mehr traurig bist?"

„Wenn ich alles herzaubern kann, kann ich doch auch machen, dass ich nie mehr traurig bin!"

„Nein, das kann man nicht machen!"

Sie hat recht. Eine Neunjährige weiß, dass man gegen Traurigkeit nichts machen kann. Es sei denn, man hat jemanden, der mit einem Hemden bügelt.

Mein freier Tag

Als ich nach anderthalb Tagen zurückkomme – die Reisetasche noch in der Hand – und die Haustür aufmache, rufen die Kinder:

„Mammie!!! Schnell!!! Isi muss spucken!" Ich laufe ins Bad und halte ihr den Kopf.

Micha: „Mir willst du wohl gar nicht Guten Tag sagen?"

Susanne, leicht vorwurfsvoll: „Mammie, wir wollten doch noch flöten! In einer Stunde habe ich Unterricht!"

Und Hannes sagt: „Nun seid doch mal ruhig! Schließlich schreiben wir morgen Latein, und von meinen Vokabeln redet keiner!"

Theo findet es schön, dass ich wieder zu Hause bin, muss aber schnell aus dem Haus, um die Medizin für Isabelle zu holen, die eine Mittelohr- und Lungenentzündung hat. Da klingelt es an der Tür. Herr Sägemüller, ein paar Häuser weiter, beschwert sich, dass unser Dackel in seinem Hauseingang ... es sei nicht zu sagen ... und er sei da reingetreten! Ich sollte das doch mal ...

„Ja, ich komme!"

Ich denke: Mir scheint, ich bin wieder zu Hause!

Das alles mag übertrieben klingen. Ich finde es auch übertrieben. Nur: Genau so war es!

Darum verreise ich manchmal. Aber ich komme gern zurück:
Wie schön ist es doch, gebraucht zu werden, von Kindern und
Mann, Hunden und Nachbarn!

Und woher nehme ich die Kraft?

Manchmal entspanne ich mich beim Fernsehen. Ich finde es
so erholsam, wenn nur einer zurzeit auf mich einredet und ich
nicht einmal antworten muss.

So sah ich zufällig den Film über die Utomi-Indianer in Mexiko. Die Utomis unterziehen sich alljährlich während der großen
Fiesta bestimmten Reinigungsriten. Mit Zweigen, die in geweih-
tes Wasser getaucht werden, wird die gläubige Menge besprengt.

Denn: „Wer rein ist, dem kann das Böse nichts anhaben."

Mich faszinierte das. Wo gibt es das sonst: solch ein Abge-
schirmtsein gegen das Böse? Solche Unverletzbarkeit und Gelassenheit? Geschützt und gewappnet gegenüber dem Unvorherge-
sehenen.

Ich bin dem, was mich verletzt und betrübt, so wehrlos ausgesetzt.

Aber Reinigungsriten und rituelle Waschungen sind nicht
meine Tradition und Sprache. Das Reinsein im kultischen Sinne
ist für mich keine Möglichkeit.

Was macht mich stark und unverletzbar gegenüber Beleidi-
gung und Unrecht, Schmerzen und Kummer? Ich bin nicht rein
und werde es nie sein. Aber trotzdem sagt Gott: „Kommt her zu
mir, die ihr mühselig und beladen seid, ich will euch neue Kraft
geben."

Er sagt das, wo er uns einlädt an seinen Tisch; wo wir vor ihm
knien und er uns reinigt; wo wir wieder aufstehen, weil es heißt:
Gehe hin in Frieden, der Herr ist mit dir!

Keine kultische Reinheit, die uns unangreifbar macht, aber
die Gegenwart Jesu, sein Geleit und seine Kraft, die sich darin

als mächtig erweist, dass böse Erfahrungen nicht einfach an uns abprallen, sondern zum Segen werden.

„Ich bin ein Gast auf Erden,
verbirg deine Gebote nicht vor mir" (Psalm 119,19).

Weil ich aber auf Erden nichts bin als ein Gast,
ohne Recht, ohne Halt, ohne Sicherheit,
weil Gott selbst mich so schwach und gering
gemacht hat, darum hat er mir
ein einziges festes Unterpfand für mein Ziel gegeben: sein Wort.
Dieses einzig Gewisse wird er mir nicht entziehen,
dieses Wort wird er mir halten,
und an ihm wird er mich
seine Kraft spüren lassen.
Wo das Wort von zu Hause bei mir ist,
finde ich in der Fremde meinen Weg,
im Unrecht mein Recht,
in der Ungewissheit meinen Halt,
in der Arbeit meine Kraft,
im Leiden die Geduld.

Dietrich Bonhoeffer

Viertes Kapitel

Genießen Sie Ihre Kinder!

Genießen Sie Ihre Kinder!", sagt Frau Berger, die selbst keine Kinder hat. „Sie machen so einen glücklichen und zufriedenen Eindruck."

„Ja, meistens sind sie es auch."

Isabelle lächelt die Besucherin an. Sie möchte nicht den Moment verpassen, wo Frau Berger eine Tafel Schokolade aus der Tasche zieht. Aber das tut Frau Berger nicht. Sie fragt: „Bist du glücklich, Isi?"

Isabelle: „Ja … Mammie? Was ist glücklich?"

„Das ist so, wie du dich jetzt fühlst."

„Ich fühl mich, dass ich ein Nutellabrot möchte."

„Ja, gleich."

Ohne uns würdest du es nie schaffen!

Um das Interesse von meiner Schreibmaschine auf sich zu lenken, sagt Micha: „Mammie, warum schreibst du eigentlich immer … Geschichten und so …?"

„Weil es mir Spaß macht und weil ich sagen möchte, dass ihr mir Spaß macht, dass ich mich über euch freue und nicht, dass ihr nur Arbeit macht …"

„Wieso!? Wir Arbeit machen??? Ich habe gestern gearbeitet! Weißt du noch? Das ganze Haus haben wir sauber gemacht. Ich habe richtig Muskelkater!"

„Ja, ihr habt viel getan!"

„Ohne uns würdest du es nie schaffen, stimmt's?"

„Ja, das stimmt."

„Mammie? Soll ich dir Licht anmachen?"

„Nein, danke."

„Dann kann ich ja gehn, wenn du mich nicht brauchst! Mammie? Susanne hat den Wellensittichen kein Wasser gegeben!"

„Sie ist ja noch gar nicht aufgestanden."

„Soll ich sie wecken?"

„Nein, dann wird sie böse."

„Mammie? Ich geh' jetzt. Was soll ich mir anziehen? Die Sonntagshose vielleicht?"

„Zieh ruhig die Jeans an."

„Jeans? Du weißt, dass die zu klein sind. Gut wäre es, dann könnte ich prima drauf malen, lauter Häuser und alles. In der Schule zum Beispiel, wenn ich nicht drankomme. Manchmal komme ich nie dran. Ich bin zu weit vorne, darum sieht sie mich nicht. Aber da vorn kann ich gut sehen. Wenn ich mich umdrehe, kann ich alle sehen. Mammie? Mein Ohr tut weh! Ist da vielleicht Dreck drin?"

„Ja, ein bisschen."

„Mammie, wie lange dauert es noch?"

„Was?"

„Das Schreiben."

„Ich höre auf."

„Gut, dann kannst du mich ja anziehen."

So, nun ist es besser, nicht?

Micha und Kathrin lassen einen Propeller fliegen. Er landet auf dem flachen Hausdach. So klettert Micha an dem Baum hoch, der ganz dicht an der Hauswand steht, um auf das Dach zu kommen. Das tut er ohnehin gern, darf es aber nicht unbedingt.

Kathrin lacht, wie sie Micha da so klettern sieht. Die beiden sind unzertrennlich, spielen zusammen und sitzen zusammen in der ersten Klasse. Aus Spaß sagen wir manchmal: Wie ein altes Ehepaar!

Als Kathrin nun so lacht, ruft Micha zurück: „Kathrin! Wir sind doch ein Ehepaar, da lacht man nicht!"

Kathrin: „Wir sind doch erst verlobt."

Micha: „Verlobt? Nein!"

Kathrin: „Aber verliebt!"

Micha: „Na, meinetwegen!"

Nach so viel Harmonie folgen dann auch Tage, wo sie nie wieder zusammen spielen wollen, was sie aber nach einer halben Stunde ganz vergessen haben. Vergessen und verzeihen – das geht noch mühelos. Abgeben und teilen nicht immer. Werden sie ein Gespür dafür entwickeln, was der andere braucht? Werden sie aufmerksam und liebevoll sein?

Isabelle gießt im Garten. Seit gestern ist der Wasseranschluss draußen wieder angestellt, so kann man nach dem langen Winter außer mit Feuer auch mit Wasser spielen. Sie begießt alles, auch den Teil des Gartens, der ohnehin Sumpf ist. Der Wasserhahn tropft. Tipsy, der Dackel, reckt seinen Kopf hoch zum Wasserhahn.

„Komm, Tipsy!", sagt Isabelle. Sie dreht den Hahn vorsichtig ein bisschen auf und gibt ihm aus der hohlen Hand zu trinken. Noch einmal. Dann wischt sie ihm die Schnauze ab – mit ihrem Rock. „So, nun ist es besser, nicht?"

Ich sehe das und denke: Sie wird liebevoll sein und Liebe erfahren. Und ich bitte: „Herr, halte sie in deiner Hand und deinem Schutz. Umgib sie mit Liebe, sodass sie immer Liebe geben kann."

Ich denke an den Vers aus Psalm 27: „Er birgt mich in seiner Hütte am Tage des Unglücks, er birgt mich wie in einem Zelt." Bei aller Sorge um die Kinder, trotz Vorsicht und Bewahrung, können wir sie nicht wirklich bewahren, nicht nach außen und nicht nach innen. Wir wissen nicht, was ihnen einmal groß und wichtig sein wird. Wir können nur für sie bitten. Darum bitten, dass ihr Leben nicht vorbeigehen möchte, ohne dass sie einen Anruf Gottes hören, Ja dazu sagen und ihr Leben so bei ihm geborgen ist. Die Gewissheit, dass Gott sie in seiner Hand hält, lässt uns dies Leben nicht nur bestehen, sie lässt uns unbeschwert glücklich sein.

Schulreifetest

Wir versuchen, heiter und gelassen zu wirken. Micha ist heiter. Er soll Farben und Formen erkennen und zuordnen. Das findet er „babyleicht", macht es aber falsch. Er soll Sätze wiederholen und das Wort Baum nachschreiben. Ich greife ein. Das ist nicht fair, schreiben habe ich nie mit ihm geübt, schließlich haben wir vier Kinder. „Das macht nichts", sagt der Schulleiter. „Wir wollen ja sehen, was er jetzt kann."

Micha schreibt Baum, als hätte er immer Baum geschrieben. Ich traue meinen Augen nicht. Der Schulleiter findet es schlecht. So sagt er es natürlich nicht. Er spricht von: „Nicht zufriedenstellend und mangelnde Feinmotorik."

Dann soll Micha eine Tafel ansehen: Lauter Obst, mittendrin ein Zug.

„Micha, was passt da nicht hinein?"

Micha, ohne zu zögern: „Der Apfel!"

„Warum nicht?"

„Weil der Zug da nicht durchkommt, wenn der Apfel im Weg ist."

„Micha, sieh mal, das ist doch alles Obst, nur eine Sache passt da nicht rein."

Micha: „Die Birne!"

„Die Birne??"

Micha: „Ja, ich hab' ja schon gesagt, weil der Zug sonst nicht durchkommt."

Der Schulleiter gibt auf. Micha nicht.

Das Zuordnen von Plastikteilen auf die entsprechenden Felder klappt halbwegs.

Ich bin innerlich auf einen negativen Bescheid eingestellt. Aber als der Schulleiter dann erfährt, dass Micha in Papua-Neuguinea mit drei Sprachen aufgewachsen ist, sagt er: „Alles klar! Machen Sie sich keine Sorgen! Wir nehmen ihn. Schulreif, mein Junge!" Wir gehen nach Hause. Kaum sind wir da, läutet das Telefon. Der Schulleiter sagt: „Verstehen Sie mich richtig ... ich meine, es könnte ja sein ... seit Micha hier war, fehlen ein paar Plastikteile, und ich brauche sie ja für den nächsten Test. Könnten Sie ihn mal fragen, ob er versehentlich ein paar von den Dreiecken in der Hosentasche hat?"

„Aber wir saßen doch alle dabei!"

„Ja, sicher, aber es könnte doch sein ..."

„Ja."

„Micha? Hast du aus Versehen diese roten und blauen Plastikteile mitgenommen?"

„Nein! Was soll ich damit? Ich hab' sie unter die Bank gelegt, weil ich sie nicht gebrauchen kann."

Der Schulleiter sieht nach: „Alles in Ordnung, und entschuldigen Sie vielmals."

Micha sagt: „War das eine Prüfung?"

„Ja."

„Darf ich mir denn jetzt was wünschen?"

„Was hättest du denn gern?"

„Eine Hängematte! Dann könnte ich darin liegen und aufpassen, dass die Spatzen den Amseln nicht immer Federn und

Fusseln aus ihrem Nest klauen und es in ihren Kasten schleppen. Das ist doch nicht fair."

Nägel mit Kerze

Micha möchte vermeiden, was mit Anstrengung verbunden ist. Als Vaters Geburtstag kommt, schlage ich ihm vor, dass wir zusammen ein bisschen Lesen üben aus dem Buch: Peter und der Apfel.

„Das wäre eine tolle Überraschung für Vater! Hättest du nicht Lust dazu? Er würde sich sehr freuen."

Micha: „Oder ich schenk' ihm einen Kasten Nägel. Hat er was zum Arbeiten."

„Nägel zum Geburtstag?"

„Ja, ich kann ja eine Kerze reinstellen, wenn du willst."

Hast du auch einen losen Zahn?

Wir denken so oft: Ob die Kinder wohl zurechtkommen im Leben? Ob sie bereit sind, Mühe und Arbeit auf sich zu nehmen, oder immer nur haben wollen? Ob sie anderen gegenüber aufgeschlossen und offen sein werden, bereit, für den Frieden einzutreten auf allen Ebenen?

Als Hannes fast sechs Jahre alt war, gab es eine Zeit, in der er ausschließlich Krieg spielte. Mit großer Begeisterung schob er Panzer und Bombenflugzeuge über den Boden, die er gegen harmlose Matchboxautos eingetauscht hatte. Ich ertrug es nicht mehr und versuchte, ihm mit Worten und Bildern klarzumachen, wie schrecklich Krieg ist. Er sagte: „Ich würde nie auf jemanden schießen!"

Ich freute mich.

Er fuhr fort: „Ich würde den Leuten lieber Gift ins Essen tun."

Ich glaube, wir hatten zu viel Schneewittchen gelesen!

Haben unsere Kinder Mühe, Grausamkeit und Streit zu unterdrücken, so haben sie doch keine Mühe mit der Kommunikation, dazu sind immer zu viele Gäste bei uns.

Klingelt es, und wir sind einmal nicht zu Hause, öffnet Susanne (7) die Tür und bittet den Besucher herein. Sie fragt, ob er etwas trinken möchte, und vor allem fragt sie: „Hast du auch eine Katze?" Ist dies nicht der Fall, setzt Susi ihre Unterhaltung mit der etwas heikleren Frage fort: „Hast du auch einen losen Zahn?" Muss der Besucher auch dies verneinen, ist aber sonst gut auf beide Themen (Katze und Zahn) eingegangen, bietet sie an, ihr Zimmer zu zeigen – bis wir endlich kommen und das Opfer aus Puppenbergen und Puzzleteilen erlösen; was Susanne „sehr schade" findet.

Auch Isabelle ist gern mit Menschen zusammen. Neulich saß sie bei unseren Nachbarn unter dem Küchentisch, redete über Gott und die Welt und vor allem über das, was wir gerade bei Tisch besprochen hatten. Daran denken wir immer zu spät. Aber unsere Nachbarn sind nett. Sie haben auch Kinder und teilen uns nie den ganzen Inhalt dieser Gespräche mit. Nur manchmal fragen sie: „Sagt mal, stimmt es, dass ihr morgen verreist?" Fantasie, Wünsche und Wahrheit sind eine Einheit geworden und werden als Tatsachen mitgeteilt.

Guck mal! Das hab' ich selbst genäht!

So sagt Susanne, als unsere Nachbarin bei uns hereinschaut. „Du, ganz allein?"

„Ja, mit Mammie. Ich habe die geraden Stücke genäht und sie die anderen."

Das Kleid ist schön geworden. Susanne freut sich, ich auch. Die Tränen zwischendurch haben wir vergessen, das mühsame Auftrennen und Schimpfen dabei. Sie hatte sich den Stoff von ihrem Taschengeld gekauft, und dann saßen wir über

Schnittmusterbogen und an der Nähmaschine. Was so leicht aussieht und so einfach beschrieben wird – „Und nun setzen Sie den Reißverschluss ein!" –, kann Katastrophen, Launen und Geheule zur Folge haben.

Immerhin, das ist vergessen. Was bleibt, ist das Gefühl: Ich kann mir ein Kleid nähen – wenn jemand ein bisschen hilft. Und später wird sie nicht vor einem Schnittmusterbogen sitzen, wie ich heute vor einem Kursbuch, und aufgeben, bevor sie angefangen hat. „Ein Kleid nähen und Brot backen, das ist doch nicht schwer!", sagt sie. „Ich weiß gar nicht, warum manche großen Leute das nicht können."

Sie hat eine eigene Nähmaschine, eine Kiste mit Flicken und vielen alten Sachen, aus denen sie Verkleidungskostüme und Zaubermäntel nähen kann. Dabei darf sie etwas verschneiden und verderben. Dabei können wir ihr erlauben, etwas falsch zu machen, und dann helfen, dass doch noch etwas daraus wird. Etwas, das man nicht erwartet hat.

Auf diese Weise haben wir ganz neue Kuchenrezepte erfunden, die berühmten Susi-Kekse zum Beispiel, für die wir das Rezept nicht mitteilen können, weil es ein Geheimrezept ist.

Das kostet Zeit und Mühe – für die Mutter jedenfalls –, aber es bringt die Erfahrung, dass etwas falsch zu machen keine Katastrophe ist. Wir machen so viel falsch und leben ja davon, dass Gott uns immer wieder vergibt und nicht einfach jedem gibt, was er verdient. Barmherzigkeit ist mehr als Konsequenz und Gerechtigkeit.

Ich hab' dich so lieb!

Micha (5) hat einen seiner „Nein"-Tage. An diesen Tagen vergesse ich, dass Trotzanfälle nur Trotzanfälle sind und weiter nichts. Abends falle ich todmüde ins Bett. Aber so schnell wird es nicht Abend. Immerhin, irgendwann war es sechs Uhr, und auf Wunsch las ich eine Micky-Maus-Mondfahrtgeschichte vor. Auf die sachliche Frage: „Warum braucht man Raumanzüge und Masken?", gab ich die ebenso sachliche Antwort: „Weil es auf dem Mond keinen Sauerstoff gibt."

Micha sagt: „Nein!"

„So, und jetzt geht ihr in die Badewanne!"

„Nein."

„Dann mache ich meinen Trick allein!"

„Welchen Trick?"

„Den mit Makkaroni und Shampoo!"

„Darf ich auch mitmachen?"

„Ja."

Wir machen Seifenblasen in der Badewanne, ganze Berge, die sich langsam über den Badewannenrand wälzen. Spätestens jetzt schlägt der Trotz in Jubel um. Das warme Wasser hat alle Widerstände abgebaut. Als ich Michas Rücken abseife und ihn mit einem warmen Handtuch abtrockne, drückt er mich mit noch nassen Armen und sagt: „Mammie, ich hab' dich so lieb!"

„Ich dich auch, Mitschi!"

Ich trage ihn ins Bett. Er ist glücklich.

Isabelle kommt vor lauter Seifenblasen gar nicht zu der sonst üblichen Eifersucht. „Machen wir das jetzt jeden Abend?", fragt sie. „Nein", sage ich.

Kennt ihr mich dann noch?

Nur Micha, Isabelle und ich sind zu Hause. Deswegen frage ich die beiden: „Was wollt ihr heute essen?"

„Rice-bubbles und Milch und gebratene Äpfel."

„Gut."

Während wir die heißen Äpfel essen, sagt Micha: „Mammie? Wenn ich Polizist werde, kennt ihr mich dann noch?"

„Ja, natürlich! Dich kennen wir immer!"

„Auch mit Uniform und Mütze?"

„Ja."

„Aber ich hab' dann ein schwarzes Schießgewehr!"

„Auch dann! Aber warum willst du eigentlich Polizist werden?"

Micha: „Was soll ich denn sonst werden?"

Ich schlage ihm etwa ein Dutzend anderer Berufe vor, darunter auch den sonst beliebten Gärtner. Aber nun sagt Isabelle (3) ebenfalls: „Ich will auch Polizist werden!"

Micha: „O gut, dann kann sie mir helfen. Dann habe ich keine Angst."

In diesem Sinne beende ich mit meinen zwei Polizisten die Mahlzeit.

Wie der Fischer und seine Frau

Wir sind dabei, ein Reihenhaus zu kaufen. Die Bauzeichnungen liegen vor uns auf dem Tisch. Wir reden über Dachausbau und Fußbodenfliesen. Ich freue mich auf den geplanten Kamin. Da sagt Isabelle (5): „Du bist wie der Fischer und seine Frau!"

„Wieso?"

„Du willst immer ein noch schöneres Haus."

Schweigen.

Isabelle fragt: „Magst du unser Haus nicht?"

„Doch, sehr gern sogar. Aber dies Haus gehört uns doch nicht. Wir wohnen hier zur Miete und möchten auch einmal ein eigenes Haus haben."

Meine Erklärungen helfen weder Isabelle noch mir. Ich bin tief getroffen. Unser Immer-mehr-haben-Wollen empfinden Kinder ganz unmittelbar. Es ist kein Palast, den wir kaufen wollen, sondern ein einfaches Reihenhaus. Aber wir wollen etwas anderes, als wir haben. Wir kritisieren bei den Kindern das „Haben-Wollen", die Unfähigkeit zu geben ... und wir?

Wir werden das Haus kaufen, aber wir werden das Märchen vom Fischer und seiner Frau nicht vergessen.

Fünftes Kapitel

Tausend Teile
und kein Ganzes?

Ich tue immer das Nächstliegende

Ich laufe, arbeite, ordne, ohne je fertig zu sein, und schiele nach den großen Dingen draußen: nach den interessanten Reisen, die mein Mann macht, nach den anregenden Gesprächen, die er mit Kollegen und Freunden führt. Er sieht und erlebt Neues. Bei seiner Arbeit kommt etwas heraus. Die Ergebnisse kann man sehen, und der Erfolg gibt ihm Schwung.

Wenn ich es geschafft habe – nachdem die Anoraks auf die Haken gehängt, Schuhe sortiert, welke Blumen versorgt sind –, endlich bis zum Schreibtisch vorzudringen, kommt ein lang gezogener Heulton aus dem Garten: „Mammie, Torsten hat mir Sand ins Auge geworfen!"

Augen waschen.

Isabelle geht wieder in die Sandkiste, ich an den Schreibtisch. „Mammie, darf ich ein Buch mit in die Sandkiste nehmen?"

Micha ruft: „Ich fahr' mal eben weg. Wann soll ich wieder hier sein?"

Ehe ich antworten kann, geht das Telefon. Eine Mitteilung für meinen Mann.

Die Haustür. Eine Freundin kommt: „Du, ich hatte dich so lange nicht gesehen! Wie geht es dir? Was machst du gerade?"

„Ach, nichts Besonderes! Komm herein!"

Und mein Mann? Sicher, er wird auch gestört und unterbrochen. Aber er befasst sich mit einem bestimmten Thema oder Projekt, mit einem Aufsatz oder Seminar. Manchmal bin ich eifersüchtig und sage zu ihm: „Du hast es gut! Du machst die großen, wichtigen Dinge und ich den Kleinkram. Du hast die großen Ideen und Pläne, und ich schreibe Einkaufszettel! Du kommst voran durch Gespräche und Diskussionen, Bücher und Vorlesungen, und ich sage hundertmal, jeden Tag wieder: Hast du die Zähne geputzt? Hast du dein Milchgeld? Wo ist der Turnbeutel? Ist der Dackel gefüttert? Hast du Flöten geübt?"

„Ja", sagt Theo, „du hast recht. Nur, bei mir gibt es auch viel Kleinkram. Den gibt es überall. Und wenn ich bis an das andere Ende der Erde fliege. Bei mir kommt es auch darauf an, dass ich die kleinen Dinge sorgfältig tue, auch wenn ich müde bin und schon die zweite Nacht kaum geschlafen habe."

„Ja, ich weiß, wie müde man ist nach langen Flügen. Und ich weiß auch, dass es Vergänglichkeit und Vergeblichkeit der Arbeit, Monotonie der tausend kleinen Handgriffe in jedem Beruf gibt. Aber bei mir gibt es nur den Kleinkram. Jedenfalls sieht es manchmal so aus.

An anderen Tagen kann ich das alles auch wieder anders sehen. Da sehe ich all diese kleinen Dinge wie durch ein Mikroskop, wo auch das ganz Kleine, Unscheinbare bunt und schön ist, voller Leben und Vielfalt. Mein Herz ist solch ein Mikroskop. Wenn mein Herz singt und Gott für dieses Leben dankt, kriegt alles Farbe: Die Kinder – ohne die der Tag manchmal mühsam genug wäre – sehe ich als großes Geschenk. Wie viel gibt Gott mir durch sie!"

Isabelle stört mich zum fünften Mal. Sie klebt mir einen selbst gemalten Marienkäfer auf die Hand und sagt: „Den schenk' ich dir, damit du immer Glück hast!"

Micha will mir auch etwas Gutes tun und entleert seine Tüte mit dreißig Wasserbomben auf meinem Schreibtisch: „Du darfst dir eine aussuchen! Die schönste! Nimm doch die gelbe, die ist wie die Sonne!"

Sonne und Glück.

Mein Bruder hat recht: Ich habe Glück, dass ich vier Kinder habe. Nur habe ich nicht immer die Nerven für alle vier zugleich. Susi kauft sich darum schon lieber selber das Buch: „Eine Überraschung für Suse." Manchmal muss man sich selbst etwas Gutes tun.

Sicher, es ist so viel, was getan werden muss, ob ich Lust dazu habe oder nicht: Die aus der Schiene gezogene Gardine muss wieder aufgehängt werden, der Reißverschluss erneuert, die Küche aufgeräumt ... Aber zwischendurch kann ich tun, was ich gern tue: zum Beispiel Brotbacken.

Ich genieße es, wie aus dem körnigen Brei langsam ein Teig wird, weich und klebrig, dann geschmeidig und schwer; wie ich drei lange Brote mit eingeritztem Muster in den Ofen schiebe und der Duft vom Brot das ganze Haus warm und gemütlich macht. Die Kinder können kaum warten, bis es gar ist.

Oder wenn ich nach dem langen Winter die ersten Stiefmütterchen pflanze. Wenn ich aus einem Stoff ein Kleid zuschneide ... all dies wird zu einem Teil meines Lebens, sodass wirklich jeder Augenblick mir gehört. Ich kann etwas tun mit meinen Händen, mich bewegen, etwas schaffen oder verändern, etwas ausprobieren, und all dies gehört zu meinem Leben.

„Dank ist eine Gewalt, vor der alle finstern Mächte weichen!", sagt Hermann Bezzel. Und Glück? Was ist Glück? Dankbar das Nächstliegende tun zu können, dabei die Marienkäfer und Wasserbomben nicht zu übersehen und abends todmüde ins Bett zu sinken und zu sagen: „Herr, ich danke dir für diesen Tag. Mache heil, was ich verdorben habe. Vergib meine Unzufriedenheit und Ungeduld. Lass mich besser lernen, von deiner Güte zu leben."

Denn: Fülle des Lebens, das heißt ja nicht nur, etwas zu leisten und zu schaffen, sondern zu sein und zu leben. Aufmerksam und dankbar, verletzlich und sensibel und immer wieder anwesend zu sein vor Gott, an der Stelle, wo er gibt und wir empfangen.

Wenn man es recht versteht, ist Beten gewissermaßen konzentriertestes Leben: das Stillehalten und Standhalten gegenüber dem Anruf, der uns nicht bloß zu diesem oder jenem ruft, also zu dem, was wir zu tun oder zu leisten haben, sondern zu dem ruft, was wir sind, damit wir es in Wahrheit seien, und eben das heißt: vor Gott.

Gerhard Ebeling

… Unsere Seele im Alltag scheint doch nur eine riesige Scheuer zu sein, in die alles von allen Seiten wahllos eingefahren wird, Tag für Tag, bis sie bis zum Dach mit Alltag gefüllt ist. Und so scheint es weiterzugehen, ein ganzes Leben lang alltäglich weiterzugehen, bis – ja, bis in jener Stunde, die wir unsern Tod nennen, aller Kram, der unser Leben war, auf einmal aus dieser Scheuer hinausgefegt wird. Aber was werden wir dann selber sein und bleiben, wir, die wir ein Leben lang nur Alltag waren, Betrieb also und mit Geschwätz und Getue gefüllte Öde? …

Wird dann mehr bleiben als jene paar Augenblicke, in die sich die Gnade der Liebe oder des ehrlichen Gebetes zu Gott wie in einen Winkel unseres mit Alltagströdel erfüllten Lebens scheu und verschüchtert eingeschlichen hatte? …

Wir können nicht allzeit ausdrücklich beten, wir können den Alltag nicht fliehen, wir würden ihn doch mitnehmen, wohin wir auch gingen, denn unser Alltag sind wir selber: unser tägliches Herz, unser matter Geist und die kleine Liebe, die auch das Große klein und gewöhnlich macht. Und darum kann der Weg nur mitten durch den Alltag, seine Not und seine Pflicht hindurch gehen, darum kann der Alltag nicht durch Flucht, sondern nur durch Standhalten und durch eine Verwandlung überwunden werden. Also muss in der Welt Gott gesucht und gefunden werden, also muss der Alltag selbst Gottes Tag … werden.

Karl Rahner

Wenn ich an Yuriko denke

Sie wohnte mit ihrer Familie zwei Jahre neben uns. Wenn ich an sie denke, sehe ich sie vor mir, wie sie Weißkohl schneidet. Etwas für sie ganz Alltägliches und Selbstverständliches. Ich hätte ihr stundenlang zusehen können. Mit welcher Sorgfalt und Geschicklichkeit sie arbeitet. Schnell, aber nicht eilig, liebevoll. Jede Bewegung ist schön. Sie hält dieses aus dem Kohlkopf herausgeschnittene Viertel wie etwas ganz Kostbares. Nicht mürrisch oder gleichgültig, mit den Gedanken woanders. Sie ist ganz konzentriert, ganz bei der Sache: Sie schneidet wirklich nur Weißkohl.

Ich tue so oft zwei oder drei Dinge zugleich. Während ich koche, backt im Ofen ein Kuchen, der verbrennt, Waschmaschine und Spülmaschine laufen, und nebenher erledige ich etwas für die Kinder. Nichts wird gut. Ich bin erschöpft.

Aber wie Yuriko Gemüse schneidet, das ist schön. Sie arbeitet schnell, aber trotzdem geht eine Ruhe von ihr aus. Sie tut es gern, sie freut sich und ist dankbar: Sie hat dieses Gemüse für ihre Familie gekauft; sie wird ein Essen kochen. Ihr Mann verdient mit seiner Arbeit genug Geld, sie müssen nicht hungern.

Wenn ich Yuriko sehe, dann weiß ich: So möchte auch ich mit Dingen umgehen: sorgfältig, liebevoll, konzentriert. Und so ganz bei der Sache sein, die ich gerade tue. Dass ich fühle, wie ein Ding sich anfühlt. Wie erholsam wäre das! Ich wäre nicht erschöpft. Hetze und Eile verderben alles.

Nicht immer, aber manchmal wäre es möglich, nur eine Sache zu tun und ihr ganz zugewandt zu sein, so wie Yuriko, wenn sie Gemüse schneidet.

Ich brauche einen Traum

Manchmal träume ich, was ich aus dem Sperrmüllgut unserer Straße alles machen könnte, wenn ich eine große Scheune hätte, etwas mehr Zeit, ein bißchen Werkzeug, Leim und Farbe und jemanden, der mitmacht.

„Du", sagt meine Freundin, die fünf Kinder hat, „das habe ich auch schon gedacht! Wir machen aus den alten, kaputten Sachen etwas Neues, und dann mieten wir einen großen Schuppen irgendwo zwischen Schnelsen und Langenhorn …"

Diese Träume geben uns die Kraft, die Kinder durch die Strapazen und Enttäuschungen des ersten Schuljahres mit Lesenlernen und Schreibenlernen zu bringen und ihnen beizustehen, wenn es auf dem Gymnasium dann wirklich ernst wird. Solange – zwischendurch – telefonieren wir miteinander über Sperrmüllfunde wie Hutschenreuther Porzellan oder Halbzerbrochenes und Halbfertiges, das uns viel mehr reizt, weil man etwas daraus machen kann. Wir reden von den Kindern und manchmal auch von uns selbst: Wie man es eigentlich erträgt, wenn die Kinder abends um halb zehn immer noch sagen: „Eins möchte ich nur wissen, ob du mir sagen kannst, wie sich Regenwürmer in die Erde bohren …" Und als ich mit letzter Kraft nach einer glaubwürdigen Erklärung suche, sagt Micha: „Ich weiß es! Ich wollte nur wissen, ob du es weißt."

Wie soll man dieses Leben ohne Träume aushalten? Träume, die nicht großartig sein müssen, aber bei denen Zeit und Raum versinken. Träume, die mich dahin bringen, wo ich weder aufräume noch flicke, nicht einkaufe und koche und schon gar nicht auf klebrige Küchenschränke meine Kraft verschwende.

Wo ich etwas tue, was ich nicht tun muss. Etwas Unnötiges, vielleicht Unsinniges. Etwas Schönes oder Neues. Ich möchte wieder Stoffdrucke machen mit melanesischen Motiven und auch andere: rot-orange, gelb-orange. Und einmal möchte ich bei der Finnin Marimekko arbeiten oder ihr auch nur bei der Arbeit zusehen.

Träumen, das heißt für mich, eine Serie von Karten entwerfen. Weihnachtskarten zum Beispiel. Auch Bilder zu Worten aus den Psalmen, die mir nahe sind, zu schneiden. Dazu brauche ich nichts als Tonpapier, Schere und Klebstoff, Musik und einen großen Tisch. Alles um mich herum versinkt. Das ist Glück für mich.

Für meine Familie ist es eher Unglück. „Essen wir immer noch nicht?", fragt Johannes. Selbst diese, die nackte Existenz betreffende Frage erreicht mich nur wie durch einen Schleier. Halb abwesend antworte ich: „Esst doch ruhig! Esst, was ihr wollt, wenn ihr Hunger habt!" Die Kinder ergreifen sofort die gelassen angebotene Freiheit. Ruhe für eine halbe Stunde.

Zwei Karten sind schön geworden. Sie gefallen mir. Überall Papierschnipsel. Wen stört es? Ich werde noch mehr Karten machen, sie an einen Verlag schicken, und dort wird man sie drucken. Vor Weihnachten werde ich in einen Buchladen gehen und mir meine Karten kaufen.

Ein schöner Traum. Er scheint sogar Wirklichkeit zu werden. Ich fühle mich ganz erholt wie nach langen Ferien. Die Kinder haben in der Küche alles stehen gelassen und ihrerseits das Beste aus den Träumen ihrer Mutter gemacht; sie sind noch einmal nach draußen gegangen. Ich räume das Geschirr in die Maschine und singe dabei. Ich singe einmal wieder bei der Arbeit.

Du, ich hab' eine Idee!

Manche Frauen erschrecken ihre Männer mit dem Satz: „Du, ich habe nichts anzuziehen!", und zum Beweis öffnen sie den Kleiderschrank. Solche Sätze hört mein Mann selten. Nicht weil ich so bescheiden wäre, sondern weil ich von meinen Blusen und Kleidern meistens so genaue Vorstellungen habe, dass ich sie mir selbst nähen muss. Wenn ich dagegen losfahre, um Gummiband, Käse und Margarine zu kaufen, dann komme ich manchmal mit einer Jacke und neuen Schuhen zurück.

Nein, der Satz, mit dem ich meinen Mann erschrecken kann, ist: „Du, ich hab' eine Idee!" Und da mir die besten Ideen morgens vor dem Aufstehen kommen – danach bin ich dann wieder mehr mit Brotstreichen, Milchtütenaufschneiden und Lesebuchsuchen beschäftigt –, reiße ich ihn damit aus sanftem Schlaf.

Natürlich habe ich gelernt, für solche Eröffnungen einen günstigen Moment abzuwarten. Aber richtig günstig ist es eigentlich nie. Nicht, weil Theo zu unbeweglich wäre für etwas Neues, sondern weil er, der ständig neuen Menschen und Projekten, Orten und Situationen ausgesetzt ist, zu Hause eben gerade das Beständige, Unveränderte, die Ruhe liebt.

Ich hingegen verschaffe mir die nötige Abwechslung durch Umstellen von Möbeln. Das mag chaotische Vorstellungen auslösen. So schlimm ist es aber nicht: Wir haben nur wenig Möbel. Sie sind klein, leicht und meistens selbst gemacht. Weder alt noch kostbar. Im Grunde genügt es mir schon, einmal den Tisch aus unserer Sitzecke zu entfernen und stattdessen ein gemütliches Kissenlager zu haben – zum Musikhören, Lesen oder Fernsehen. Die Kinder kriechen sofort zu mir, der Dackel auch.

Aber ich gebe zu: Meine Ideen sind nicht auf Möbel beschränkt. Sie beziehen sich auch auf Menschen, auf Besuche und Einladungen, auf neue Hobbys und Dinge, die man weder braucht noch tut. Diese Dinge tue ich, wenn mein Mann auf langen Dienstreisen ist, wo ich mich sehne nach seiner Ordnung und Verlässlichkeit, überhaupt nach ihm. Wo wir uns lange Briefe schreiben und viel intensiver aneinander denken, als wenn wir zusammen sind. Wo wir aus unseren Sorgen um den anderen Gebete für ihn werden lassen.

Anerkennung muss sein

Unsere Nachbarin in Goroka (Papua-Neuguinea) nahm Susanne in ihrem Auto mit, wenn sie ihre eigenen Kinder von der Volksschule abholte. Auf diesem Rückweg zählte Susanne auf, was sie in der ersten Klasse alles gelernt hatte und nun konnte: Sie hatte das zweite Lesebuch gelesen, drei Türme gerechnet, eine Seite geschrieben …, und Rua gab dann jeweils einen Pfeifton der Anerkennung von sich. Einmal zögerte sie damit. So machte Susi weiter. Als das Pfeifen immer noch nicht kam, pfiff Susi selbst. Anerkennung muss sein! Nicht nur bei Kindern, auch ich sehne mich danach.

Als die Familie still das eben von mir hergestellte Essen in sich hineinstopft – zu dem immerhin das Planen und Einkaufen, Nachhausetragen, Vorbereiten, Kochen, Tischdecken, Servieren, Abdecken, Abwaschen, Wegstellen gehört –, sage ich lieber schon einmal selbst: „Ein tolles Essen, nicht?"

„Mm."

„Finde ich nett, dass ihr das so sagt!"

Alle lachen. Hannes sagt: „Es schmeckt wirklich gut, Mammie, so gut, dass wir keine Zeit haben, es zu sagen."

Ich bin halbwegs versöhnt.

Der letzte Nachmittag unserer Ferien in Dänemark fällt mir ein, wo ich Theo sagte, was ich besonders schön fand und wofür ich ihm dankte. Die Kinder taten es auch. Darauf fragte Theo: „Und wofür wollt ihr Mammie danken?"

Schweigen.

Suse fragte unsicher: „Dass sie uns zur Welt gebracht hat?"

Theo: „Ist das alles?"

Suse: „Nein! Neulich, als ich mir ein Eis kaufte, hat sie mir noch Geld dazugegeben."

Hannes erinnerte sich: „Mir auch!"

Isabelle schien – wie gelegentlich –, die Situation zu retten. Sie rückte näher an mich heran und sagte: „Mammie, bei uns ist es schön!"

Ich freute mich und dachte: Das ist all die Mühe wert! Ungerührt fuhr sie fort: „Aber bei Schippers ist es noch schöner! Die haben Apfelbrause."

Anerkennung wird einem nicht täglich zuteil, weder von privater noch von öffentlicher Seite. Die Geringschätzung häuslicher Arbeit macht Hausfrauen krank, so heißt es.

„Jede achte Mutter am Rande des totalen Zusammenbruchs", sagt der Aufruf des Müttergenesungswerkes. Darum sollen sich die Frauen gegen die tägliche Benachteiligung wehren, sie sollen ihre Wünsche und Ansprüche aussprechen und durchsetzen. Durch solche Verhaltensänderung sollen sie zu sich selbst finden. Eine Steigerung des Selbstwertgefühls ist nötig …

Eine so geplante Verbesserung meiner Lage sollte mich eigentlich freuen, aber all dies wirkt eher wie eine freudlose Anstrengung auf mich. Ich möchte die Möglichkeiten der Mutter und Hausfrau gern etwas heiterer sehen. Welch ein Luxus, seine Zeit selbst einzuteilen! Etwas ohne Bezahlung zu tun, welche Freiheit! „Wer sein Leben hingibt, der wird es gewinnen", sagt Jesus.

„Immer sind es die Frauen, die Kaffee einschenken!", sagte eine Kollegin auf einem theologischen Konvent. „Mich ärgert das!" Ja, schon, aber anderseits macht es mir auch nichts aus, das zu tun. Es degradiert mich nicht. Ich könnte, wenn ich jemandem Kaffee einschenke, ihm etwas Freundliches dabei sagen. Oder ich könnte ihm meine Tasse hinhalten und sagen: „Ich trinke so gern den Kaffee, den Sie mir einschenken."

Wie ernst ich das Thema „Anerkennung, Recht und Selbstverwirklichung" nehme, hängt eigentlich davon ab, ob es einen Menschen gibt, der mich liebt, und ob ich Gott glauben kann, dass er mein Leben und mein Glück will. Zu wem Gott sagt: „Du bist wertgeachtet in meinen Augen", der kann selbst leben und sein Leben hingeben für andere, vielleicht für einen, der sagt: „Du, ich kann nicht mehr allein sein! Ich kann es nicht."

Das Leben findet jetzt statt

Genieße ich mein Leben eigentlich?

Die Hausfrau und Mutter gehört zu den glücklichsten Menschen überhaupt, so könnte man meinen. Leise summend gleitet sie über den hygienisch glänzenden Boden ihrer Wohnung, spiegelt sich in den blanken Kacheln ihrer Küche, wo sie ihr gepflegtes Haar und die seidenweichen Hände bewundert. Mit gutem Gewissen stapelt sie die weich gespülte Wäsche. Schmutzige Fenster – sofern es solche gibt – verwandeln sich bei bloßer Berührung in sauber glänzende Scheiben. Glücklich, fröhlich und ausgeruht serviert sie ihrem von der Arbeit erschöpften Mann das Fertiggericht und reicht ihren Kindern Vitamine, die diese in Form von Margarinebrötchen dankbar ergreifen. Ist sie selbst einmal müde – was ganz unbegreiflich scheint –, helfen Frauengold und Melissengeist. Zu klagen wäre undankbar. Der Mann gibt seiner Frau einen Kuss – sichtbares Zeichen des Glücks! Der Mann, im aprilfrischen Hemd voll Frühlingsduft und Sonne …

In Hamburg regnet es seit fünf Wochen. Vielleicht kann ich deswegen der Reklame nicht glauben. Wir haben keine Maschine, die Einkäufe schleppt und Mülleimer leert, keinen Computer, der weiß, dass zwei Socken zusammengehören und beide wiederum in eine Schublade. Wir haben keinen Knopf, um Lärm abzustellen, Lärm von Kindern, die sich streiten und schreien, von Hunden, die bei jedem Telefonklingeln bellen, von Wellensittichen und anderen Freunden des Hauses.

Darum sinke ich abends müde ins Bett. Mein Gewissen ist nicht gut trotz weicher Wäsche und all der Vitamine. Ich denke: Wieder ein Tag geschafft! Ich war ungerecht und ungeduldig mit den Kindern. Das Essen war lieblos und in Eile gemacht … morgen will ich es anders machen.

Ist das Leben? Genieße ich mein Leben? Manchmal bin ich zu erschöpft für Freude und Dank.

Aber das Leben findet jetzt statt; nicht später, wenn die Kinder groß sind und ich mich freue, wenn sie einmal anrufen. Jetzt muss ich versuchen, aus dem bunten Tag kleine unverbrauchte Momente herauszuschneiden, in denen ich mich erhole und abschalte. Es hilft nichts, wenn ich bei all dem „Uneigentlichen" nach dem Eigentlichen schiele. Dieser bunte Alltag ist jetzt mein Eigentliches. Und es kommt darauf an, sagt Bonhoeffer, Gott zu finden in dem, was er uns gerade gibt.

Was wir brauchen, ist Gott zu glauben, dass dies jetzt der Ort ist, an dem wir leben und arbeiten und seine Güte erfahren sollen. Wir möchten große, bleibende Dinge tun. Luther sagt einmal:

Einen traurigen, verzagten Menschen fröhlich zu machen, ist mehr als ein Königreich zu erobern.

Kleine Dinge sind wirklich klein.
Aber treu sein in kleinen Dingen, ist etwas Großes.

Augustin

Wenn ich noch einen Tag zu leben hätte

Wenn es so wäre, dann wüsste ich plötzlich, was ich täte:

Ich würde den ganzen Tag feiern – mit Theo und den Kindern, mit Freunden. Ich würde verschenken, was ich habe. Einen Gottesdienst feiern und ein Abendmahl. Lieder singen und Musik hören.

Und dazwischen immer wieder weinen, weil ich es so liebe, dieses Leben: bunt und mühsam, komisch und anstrengend, voller Möglichkeiten und Überraschungen. Mit seinen Erfahrungen von Glück und Segen.

Aber vielleicht wäre ich auch ganz stumpf und wie betäubt vor lauter Angst. Angst um meine Familie und Angst, weil ich nicht weiß, wie es sein wird, wenn ich sterbe. Ich möchte, dass ich dann noch bitten kann:

> „Wenn ich einmal soll scheiden,
> so scheide nicht von mir.
> Wenn ich den Tod soll leiden,
> so tritt du dann herfür.
> Wenn mir am allerbängsten wird um das Herze sein,
> so reiß mich aus den Ängsten kraft deiner Angst und Pein.“

Wozu diese Verschwendung?

„Das ist Vergeudung“, sagen die Leute.

Eine Frau zerbricht eine Alabasterflasche voll echter, teurer Nardensalbe und salbt das Haupt Jesu. Wie viel Wichtigeres hätte man mit dem Erlös machen können? Den Hungrigen helfen, zum Beispiel.

Geld kann man verschwenden. Aber Zeit? Zeit ist Leben. Wo wir lieben, verschwenden wir; denn das Einzige, was wir wollen, ist: zeigen, wie sehr wir lieben.

Wir verschwenden Liebe und Leben und erhalten alles vielfach zurück. Wer hingibt, der empfängt. Er empfängt wirkliches Leben.

Nur wo wir Gott loben, leben wir wirklich. Anbetung ist eine Dimension unseres Lebens, die uns verloren zu gehen droht. Wie weit sind wir entfernt von dem Beter des 17. Psalms, der sagt:

„Ich will satt werden an Deinem Bilde, wenn ich erwache“!

Das Verweilen und Ausruhen bei Gott, das Gestärkt- und

Erquicktwerden – was würde das bedeuten für unsere Unruhe, für Unfrieden, Hetze, Frustration, für Sorge, Lebenshunger und Angst? „Er wird dir geben, was dein Herz wünscht" (Psalm 37).

Vor einem Abendmahlsgottesdienst wurden Zettel mit Meditationen und Gebeten verteilt. Da stand der Satz: „Du bist da und siehst mich freundlich an – ich danke dir dafür!"

Mich hat lange kein Satz so tief berührt. Jesus sieht mich freundlich an – davon lebe ich. Es gibt genug kritische Blicke, die mich treffen, auch fragende, skeptische und abwartende. Doch ich brauche, dass einer mich freundlich ansieht. Eine Freundlichkeit, die auf meinem Gesicht die Falten glättet und bis ins Herz dringt. Die mich so tief anrührt, dass meine Lippen diesen Satz immer wieder sagen, bis ich selbst ganz eingetaucht bin in diese Wirklichkeit, in die Gegenwart Jesu. Seine Freundlichkeit heilt, und zugleich beschämt sie mich: Wie viel Freundlichkeit verschwendet Gott an mich! Wozu diese Verschwendung? Damit ich einen Tropfen von diesem Überfluss weitergebe und die Verschwendung Gottes immer weitergeht.

Nur ein Wort

Ein Wort wäre genug. Ein Wort von Gott, das mich anrührt. Aber sein Wort ist oft so fremd und fern.

„Der kleine Prinz" – heißt es bei Saint-Exupéry – „ging, um die Rosen wieder zu sehen: ‚Ihr gleicht meiner Rose gar nicht, ihr seid noch nichts', sagte er zu ihnen. ‚Niemand hat sich euch vertraut gemacht. Ihr seid, wie mein Fuchs war. Der war nichts als ein Fuchs wie hunderttausend andere. Aber ich habe ihn zu meinem Freund gemacht, und jetzt ist er einzig in der Welt.' Die Rosen waren sehr beschämt. ‚Ihr seid schön, aber ihr seid leer', sagte er noch. ‚Man kann für euch nicht sterben.'"

Der kleine Prinz hat sich den Fuchs vertraut gemacht, und der Fuchs hat ihm sein Geheimnis gesagt: „Man sieht nur mit dem

Herzen gut." Wenn wir so mit dem Wort Gottes umgingen. So, dass wir es uns vertraut machen. Keine plumpe Vertrautheit, die sich im Ton vergreift. Aber ein Vertrautwerden, sodass sein Wort einzigartig wird in der Flut der Wörter. Ein Wort, das uns etwas sehen lässt vom Geheimnis Gottes und den Wundern, die er an uns tut, indem er durch dieses Wort zu uns redet und uns verwandelt. So, dass wir – wie Bonhoeffer sagt – „Gottes Wort als eine Gewalt über unser Leben erfahren, die uns keinen Augenblick mehr freigibt".

Ein Wort wäre genug. Eine Zeile vielleicht, die uns begleitet durch den Tag als Gegensatz zu dem Vielen und Vielerlei, das auf uns einstürmt. Wir erwerben damit kein Recht auf lauter beglückende Erfahrungen, auf Gottes Reden mit uns. Aber wir sind bereit, wir warten und bitten. Gott redet durch ein Wort, das mir begegnet oder „einfällt", das mir jemand sagt oder schreibt, das ich lese und auf das ich antworte. Ein Wort, das ich bei mir trage, bis daraus mein Gebet wird. Wo das geschieht, berühren sich Himmel und Erde.

Es ist mir noch wie ein Wunder, dass mir in einer Stunde innerer und äußerer Verlassenheit das Wort in den Sinn kam: „Geknicktes Rohr wird er nicht zerbrechen und glimmenden Docht nicht auslöschen" (Jesaja 42,3). Ein Wort, das ich lange kannte, aber jetzt so hörte, als sagte Gott selbst es mir, um mich damit am Leben zu erhalten.

Jeder Augenblick gehört mir

Der Augenblick,
den ich auf meinen Mann oder die Kinder warte.
Der Augenblick,
den ich sitze und zuhöre, weil jemand etwas erzählt.
    Der ungeduldige und traurige Augenblick. Trauer über ein nicht gesagtes Wort und über böse Worte, über verpasste Freude

und nicht gelebtes Leben. Zeiten des Lebens, Tage und Augenblicke ohne Gott.

„Wie sehr haben wir unser Leben vergeudet", sagt Mutter Teresa, „wenn es nur mit uns selbst angefüllt ist, anstatt mit Gott!"

Jeder Augenblick gehört mir.

Das spüre ich deutlich, wenn ich glücklich bin.

Wenn ich mich freue über die Kinder und Gott danke für dieses Leben. Wo ich geliebt werde und liebe.

Aber auch die Augenblicke voller Sorge und Angst sind ein Teil von mir. Und die voller Frieden, weil meine Angst bei Gott aufgehoben ist.

Und das Glück, weiterzugeben, was Gott mir gibt. Mein Leben zu teilen mit anderen.

All diese Augenblicke, bunte und graue, heitere und schwere, ruhige und gehetzte – sie alle gehören zu mir. Aber ich kann sie nicht zusammenfügen. Wo ich prüfe und beurteile, abwäge und verurteile, fallen sie auseinander in tausend Teile. Aber wo Gott mein Leben sieht und mich dennoch freundlich ansieht, wird es ein Ganzes.

Da kann ich sagen: „All meine Augenblicke, Herr, sind vergänglich und unvollkommen – aber: Dein ist das Reich und die Kraft und die Herrlichkeit in Ewigkeit!"

Worte,
die den Tag verändern

Für Käte

Es geht nicht immer darum,
was geleistet oder nicht geleistet wurde,
sondern entscheidend für eine erfüllte
oder vertane Zeit muss wohl sein,
welche Sprache Gott in ihr
zu einem geredet hat.

Jochen Klepper

Worte von Gott sind wie Wunder

Das Wesentliche in diesen Geschichten geschieht „innen". Da, wo Gott redet und ich höre. Worte von Gott sind wie Wunder. Sie machen keinen Lärm und erregen kein Aufsehen, aber sie verwandeln mich und meinen Tag. Den ganz gewöhnlichen Tag, der damit anfängt, dass zwei Kinder Grippe haben und das Aquarium undicht ist – die Goldfische also in einem Plastikeimer neben meinem Schreibtisch stehen und Lateinbücher trockengebügelt werden –, und den besonderen Tag: in den Ferien, auf Reisen oder bei Freunden.

Gott redet mit uns, wann und wo es ihm gefällt. Aber dass er es tut! Dass er mich erinnert und fragt, dass er tröstet und Zuversicht schenkt, ist für mich das Unfasslichste am Leben überhaupt. Es geschieht ganz unauffällig, so, dass die Kinder mich fragen („Was würdest du heute tun, wenn du wüsstest, dass du morgen stirbst?"), oder so, dass Freunde etwas sagen, leichthin und ohne Absicht, aber mich trifft es. Dass mir ein Buch oder Bild in die Hand kommt, ein Wort oder Lied einfällt und ich weiß: Das kommt von Gott. Erschrocken und beschämt bleibe ich stehen. So hatte ich mit Gott nicht gerechnet. Ich hatte gar nicht an ihn gedacht. Aber er denkt an mich. Und auch morgen wird es so sein:

„Ehe sie rufen, will ich antworten,
wenn sie noch reden,
will ich hören"
(Jesaja 65,24).

Schmetterling und Silbertaler

Wir waren ihre ersten Touristen. Sie hatten renoviert und tapeziert: Zwei kleine Räume gab es in dem winzigen Holzhäuschen, auch eine Speisekammer. Das für Schweden typische, große, runde Knäckebrot stand dort, Fischfrikadellen, Pfeffer, Salz und Öl. Alles war neu: die Plastikdecke auf dem Küchentisch, die Gardinen, das Brotmesser und die tiefblaue Emaille-Kaffeekanne. Ich weiß nicht weshalb, aber gerade diese Kanne gab mir, als ich sie in die Hand nahm, das Gefühl: Jetzt sind Ferien!

Um das Haus herum blühten Akelei und wilde Rosen, Lupinen und Kaiserkronen – und der Lonnen-See ganz nahe, gleich am Ende der großen Koppel. Wir freuten uns auf die drei Wochen, die vor uns lagen, die Ferien konnten beginnen.

Sie begannen damit, dass – als wir abends zu sechst am Küchentisch saßen – eine Fliege sich nicht abweisen ließ. Sie gehörte zu diesem Bauernhof, kein Zweifel.

„Wozu haben wir unseren Mückenschocker?!", meinte Johannes. „Vielleicht vertreibt der Summton auch Fliegen."

Die Fliege setzte sich auf das kleine Gerät und rieb sorgfältig, ganz ohne Eile, die Hinterbeine aneinander. Sie fühlte sich wohl.

„Sie muss taub sein", sagten wir, „wo ist die Fliegenklatsche?"

„Wieso?", meinte Micha. „Ihr habt doch mich! Ich fange Fliegen immer mit einer leeren Streichholzschachtel. Wo sind die Streichhölzer?"

„Im Küchenschrank!"

Aber schwedische Fliegen werden bei kleinen Schachteln misstrauisch. So schlug Micha zuerst mit der flachen Hand, dann mit einem Bratenwender nach ihr. Dabei fiel zwar nicht die Fliege, aber der Vorhang zu Boden. Micha ebenfalls, da der Stuhl umkippte. Seitdem haben wir die Fliege nicht mehr gesehen. Ich denke, es war ihr zu laut bei uns.

Der nächste Tag war Michas neunter Geburtstag. Er war früh

wach. Ich auch. So standen wir beide auf und deckten draußen den Frühstückstisch.

Bis das Kaffeewasser kochte, saßen wir auf der alten Holzbank in der Sonne. Neben mir die großen Stauden der Silbertaler. Ich sammelte die gelbgrünen Eier eines Kohlweißlings von einem schönen Blatt.

Micha war bestürzt: „Mammie?!! Was machst du da? Du machst die Eier kaputt! Da sind Raupenbabys drin. Und da sitzt der Schmetterling, die Mutter, und guckt zu!"

Er nahm das Schmetterlingsweibchen auf die Hand, ganz vorsichtig; es legte noch ein Ei. Micha konnte es nicht fassen, er war überglücklich: „Guck mal! Es hat ein Ei auf meine Hand gelegt! Auf der ganzen Welt gibt es bestimmt keinen, der das erlebt hat! Wo tun wir das Ei jetzt hin?"

„Wir setzen es mit dem Schmetterling auf die grünen Blätter da drüben beim Holzstapel."

„Guck mal, sie legt noch mehr Eier!"

„Sie legt die Eier gleich da ab", sagte ich, „wo die kleinen Raupen nachher was zu fressen haben und leben können."

„Ja", sagt Micha, „sie macht es wie der liebe Gott mit uns. Er gibt uns auch alles, was wir zum Leben brauchen, nicht?"

Ich nahm Micha in die Arme. Ich hatte ihm meinen alten Kassettenrekorder zum Geburtstag geschenkt; sein Geschenk war größer. Er hat mich an etwas erinnert, das ich immer wieder vergesse: dass Gott weiß, was ich brauche, und mir geben wird, was für mein Leben gut ist.

In den Gütern gibt Gott das Seine.
Wenn er uns in seiner Gnade ansieht,
gibt er sich selbst.
In den Gütern empfängt man seine Hand,
im gnädigen Angeschautwerden sein Herz.

Martin Luther

Bittet, was ihr wollt

Ich weiß nicht, ob es Ihnen auch so geht, aber ich erhoffe mir für den Urlaub nicht nur gutes Wetter und Erholung, sondern immer auch etwas Besonderes. Ich meine etwas, das mir neue Freude und neuen Mut gibt, neue Ideen und Einsichten. Müssen so große Erwartungen nicht enttäuscht werden?

Jesus sagt: Bittet in meinem Namen, bittet, was ihr wollt, und es soll euch widerfahren!

Was ich Gott zutraue – sollte er es mir nicht geben können? Ich kann nicht anders leben, als immer wieder Neues und Großes von Gott zu erwarten.

Der Himmel bewölkte sich. Zum Baden war es zu kalt, das Schlauchboot hatte ein Loch. Die Blaubeeren waren noch nicht reif.

„Machen wir einen Kulturtag!", sagten wir. Das hieß: Ansehen von Sehenswürdigkeiten, die die kleineren Kinder nicht ansehen wollten und die größeren halbwegs – aus Höflichkeit.

So kamen wir auf der Fahrt durch Mittelschweden in die Gegend von Örebro nach Glanzhammer. Dort gab es nicht nur eine altgermanische Tingstätte, Hünengräber und gut erhaltene Runensteine. Wir sahen uns auch das bunt bemalte Deckengewölbe der alten Kirche an: Szenen von der Schöpfung, vom Leben und Sterben Jesu.

Über einem Bogen das Bild eines Mannes, der in den „Block" gelegt war. Mittelalterliche Folter. Angekettet an die große Steinplatte, die auf seinen Beinen lag, saß er da; er konnte kaum eine Hand bewegen. Und auf dem großen grauen Stein stand in weißen Buchstaben, gerade noch lesbar: „Spes unica – Christus", „die einzige Hoffnung – Christus!"

Dieses Bild fiel in mich hinein, ich hatte es noch lange vor Augen, als wir wieder im Auto saßen und auch in den folgenden

Tagen. Ich sehe es noch. Dieser gefolterte Mann, ohne Möglichkeit, sich selbst zu helfen, hofft auf Christus, dass er das Wunder tut und ihn befreit.

Das ist so sehr meine Situation. All das, was mich fesselt und gefangen hält, fasziniert und blendet, niederdrückt und lähmt, was wie ein schwerer Stein auf mir liegt … und auf dem Stein selbst steht „Christus – meine einzige Hoffnung".

Es steht nicht vor mir als ein Ziel, sondern ist eingemeißelt in die Last und Fessel meines Lebens, und die Ausrichtung auf Christus wird meine Befreiung sein. Die Last, die ich abwerfen möchte, wird wie eine Tür zu ihm. Er ist mir so nahe wie meine Last, und er ist mächtiger. Er schenkt sich dem, der auf ihn gehofft hatte, damit er immer wieder nur auf ihn hofft – und immer wieder befreit wird.

Den Elenden wird er durch sein Elend erretten und ihm sein
Ohr öffnen durch Trübsal.
So reißt er auch dich
aus dem Rachen der Angst
in einen weiten Raum,
wo keine Bedrängnis mehr ist.

Hiob 35,15-16

Ein runder Feldstein

Eine Weile schon war ich am See entlang gegangen, als vor mir auf dem Weg ein ganz gleichmäßig geformter Stein lag. Unwillkürlich hob ich ihn auf. Er war nicht ganz rund, eher oval, gerade so groß, dass er in meine Hand passte. Ein grauer Feldstein, die Oberfläche rau und körnig. Ich hatte ihn gern in der Hand.

Und während ich weiterging, rief er mir ein Wort in Erinnerung, das ich vor kurzem gelesen hatte, ein Wort Gottes an Abraham: „Wandle vor mir und sei ganz!" Dieser Stein und dieses Wort – für mich gehörten sie zusammen.

Wie sehr liebe ich diesen Vers! Und wie weit bin ich von ihm entfernt. Vollkommensein, Ganzsein, Vollendung? Am Ende eines langen Lebens mag es so sein. Aber mitten auf dem Weg? Ich sehe in meinem Leben so viel mehr die Risse, Narben und Verletzungen, all das Unvollkommene.

Fast tröstet es mich, dass ich jetzt auf der Rückseite des Steins eine kleine Vertiefung spüre, gerade so groß, dass eine Fingerkuppe hineinpasst. So kann ich ihn gut halten, und wenn ich den Finger darüberlege, ist mein Stein ganz vollkommen. Und ich weiß: So legt Jesus seine Hand auf all das, was bei mir unvollkommen ist, auf meine Wunden und Verletzungen. Er vergibt und heilt. So bin auch ich in Gottes Augen vollkommen.

Bei dem Stein und dem Finger ist es ein kleiner Betrug. In meinem Leben ist es wahr: Ich darf mich selbst so sehen, wie Gott mich um Jesu willen sieht: ganz rein und ganz makellos. Erlöst von dem Zwang, selbst etwas Vollkommenes aus mir zu machen. Ich muss mich nicht verstecken.

„Gehe einher vor meinem Angesicht und sei ganz!" Ganz offen und aufgedeckt kann ich vor Gott leben und zulassen, dass er die schadhaften Stellen heilt. Dass er mich heilt.

Heile du mich, so werde ich heil,
hilf du mir, so ist mir geholfen!

Jeremia 17,14

Der Stein – auf meinem Schreibtisch nun – sagt mir, dass Gott
es ist, der mein Leben heil macht und als etwas Ganzes ansieht –
auch wenn ich immer nur Stückwerk sehe. Dies zu glauben, fällt
mir schwer. Ich will es glauben. Und ich will daraus leben.

Herr, du verachtest mich nicht,
lass mich nie jemanden verachten!
Herr, ich möchte,
dass mein Leben dir ganz gehört.
Ich möchte immer mehr nur dies eine.

Es ist nicht auszudenken,
was Gott aus den Bruchstücken
unseres Lebens machen kann,
wenn wir sie ihm ganz überlassen.

Blaise Pascal

Was würdest du tun?

Als Isabelle neue Blumen auf das Grab des Goldfisches stellte, fragte sie mich ganz unvermittelt: „Was würdest du tun, wenn du wüsstest, dass du morgen stirbst?"

Als ich mich von dem Schreck erholt hatte, sagte ich schnell: „Ich würde euch alle noch einmal zum Essen einladen!"

„Damit wir dich in guter Erinnerung behalten, nicht?", meinte Susanne.

„Ja, damit ihr euch freut!"

„Ich könnte mich doch nicht richtig freuen", fand Micha, „aber ... wenn du es dann tun würdest, könntest du es doch auch heute tun, gerade weil du nicht stirbst!"

„Also, ich weiß nicht ... ihr könnt euch erst mal ein Eis kaufen, ja?"

Johannes, ihr großer Bruder, der bisher nur zugehört hatte, sagte: „Nein, aber im Ernst, was würdest du tun mit dem Tag heute?"

„Glaubst du, dass man das weiß, wenn es nicht der Ernstfall ist? Wüsstest du es denn?"

„Ich glaube, ich würde den Tag ganz normal verleben – wie jeden anderen – ich würde vielleicht sogar Schularbeiten machen. Natürlich auch mit meinen Freunden zusammen sein, mit euch noch mal Joan Baez hören ..."

„Ich weiß nicht, ob ich die Ruhe dazu hätte. Ich würde wohl eher losfahren und euch Kindern noch ein Paar Schuhe für den Winter kaufen, einen warmen Pullover für Vater ... verrückt nicht?"

„Nein, typisch Mutter! Aber wenn du all das getan hättest – du würdest bestimmt auch noch das Loch in Michas Pinguin zunähen, damit die Reiskörner nicht immer ins Bett fallen – was dann?"

„Weißt du, ich könnte vielleicht gar nichts von all dem tun. Ich wäre wie gelähmt vor Trauer und Schmerz, und vor Schreck würde ich immer nur sagen: Lieber Herr, nicht jetzt! Nicht morgen! In zehn Jahren sind die Kinder groß genug. Und Vater braucht mich auch! ... Und wenn es doch sein müsste – dann möchte ich wenigstens noch einen langen Spaziergang mit Vater machen und über all das reden, wozu wir sonst nicht kommen. Ich möchte ein paar Freunde anrufen und ihnen danken für das, was sie mir waren. Ich möchte noch große Musik hören: Bach, Jesu meine Freude. Einen Gottesdienst mitfeiern und ein Abendmahl, noch einmal hören: Für dich! Ich möchte noch Teile aus dem Johannesevangelium lesen, Kapitel acht und einundzwanzig ..."

„Du!", unterbrach mich Johannes, „das wäre aber ein sehr langer Tag! Denk mal, wie lange allein der Schuheinkauf dauert! Die Schuhe, die du willst, mögen wir nicht und die wir mögen, passen nicht oder sind zu teuer. Also, das mit den Schuhen solltest du lassen! Aber ... warum würdest du gerade das Johannesevangelium lesen?"

„Das ist der Teil der Bibel, den ich am längsten kenne und ganz unmittelbar verstehe. Als ich so alt war wie du, hab' ich mal eine Auslegung zu Kapitel acht gehört: ‚Wenn Jesus, der Sohn, euch frei macht, dann seid ihr wirklich frei.' Ich habe es damals ganz anders verstanden als heute. Aber es ist immer mit mir gegangen, all die Jahre, und ich hoffe, dass es bei mir bleibt, auch im Ernstfall. Ich meine, dass Gott mir in seinem Wort so nahe sein wird, dass ich keine Angst habe."

„Merkwürdig, dass man das, was einem am wichtigsten ist, nur tut, wenn man stirbt! Eigentlich schade, nicht? Du, ich muss jetzt zum Fußballspiel nach Niendorf, du weißt doch ..."

„Ja, tschüs, Hannes!"

Langsam erhole ich mich. Richtig! Ich wollte ja noch bügeln!

Um das Leben wirklich als Geschenk
anzunehmen und damit seiner Fülle
teilhaftig zu werden,
müssen wir es unverkürzt wollen,
das heißt, wir müssen der Verwiesenheit
entsprechen auf solches,
das nicht wir selbst sind
und das nicht von uns kommen kann.

Ulrich Hommes

Das Zauberwort

„Schläft ein Lied in allen Dingen,
die da träumen fort und fort,
und die Welt hebt an zu singen,
triffst du nur das Zauberwort.“

Ganz „zufällig“ kam mir dieser Vers von Eichendorff wieder in die Hand. Ich liebe ihn, und ich weiß, was mich an ihm so fasziniert: Das „Zauberwort“, das Wort im Herzen des Dichters, vermag die Welt zu verwandeln.

Aber ist nicht jedes Wort – gehört oder gesprochen – so etwas wie ein Zauberwort? Es kann fröhlich oder traurig machen, Mut wecken oder tiefer in die Verzweiflung stoßen. Wieviel verändert sich durch ein Wort, das mir jemand sagt oder schreibt! Und wie anders sieht mein Tag aus, wenn ein Wort von Gott mich trifft.

Während ich über diesen Zusammenhang nachdenke, kommt Isabelle mit ihrem Fahrrad durch den Garten auf die Terrasse: „Stell dir vor: zwei Stunden sind ausgefallen, ist das nicht toll? Und keine Schularbeiten!"

„Schön! Dann kannst du ja spielen", sage ich, „spielt doch am Teich und lasst Schiffe schwimmen!"

„Am Teich mag ich nicht spielen, da hat Jens gestern mit seinem Katapult eine Ente totgeschossen – sagt er – und gegessen hat er sie auch. Kannst du mal mitkommen?" Isabelle ist den Tränen nahe.

„Jetzt nicht. Nachher!"

„Nachher musst du mir auch noch 83,- DM für die Klassenfahrt geben. Und 2,50 DM für seltene Tiere, die zu uns in die Turnhalle kommen. Krokodile und so ... meinst du auch Fische?"

„Ich weiß es nicht."

Isabelle merkt, dass meine Aufmerksamkeit der Schreibmaschine gilt. „Dann gehe ich eben nach oben, wenn du mich nicht haben willst."

Das Fischauto klingelt. Heute ist ja Dienstag! Ich kaufe vier Schollen, das wird reichen.

Danach ist Ruhe, für fünf Minuten etwa. Dann ruft meine Schwester an. Sie wollte mir nur sagen, wie es Andreas in der Schule geht und dass Claudia schon wieder Mittelohrentzündung hat.

Ich bin einsilbig: „Ach?", „Hm!", „Tut mir Leid!"

Sie legt wieder auf.

Durch das Seitenfenster sehe ich Frau Olschewski kommen. Sie trägt zwei schwere Eimer. Es sind wurmstichige Falläpfel. Gestern waren es harte Birnen.

Ich gebe ihr ein halbes Brot und stecke etwas Geld in ihre Schürzentasche. „Vielen Dank, aber mehr Obst kann ich jetzt nicht verbrauchen ..."

Sie nickt und geht und dreht sich noch einmal um: „Es ist

ganz schlimm, wissen Sie ... ich hab Ihnen das noch gar nicht erzählt ... sie haben mir wieder mein Sparbuch gestohlen, ich weiß auch, wer es ist ... da könnte ich Ihnen was erzählen ..."

Aber da sie mir all das gestern schon erzählt hat, lasse ich sie gar nicht erst ausholen.

Als ich endlich wieder am Schreibtisch sitze, weiß ich, was das „Zauberwort" gewesen wäre: ein paar Worte mehr oder ein wirklich freundliches Wort, durch das etwas von Gottes Liebe hätte durchscheinen können. Ein Wort, das ihren Tag erhellt und erwärmt und „verzaubert" oder jedenfalls etwas erträglicher macht, das Tränen verhindert.

Wie soll ich ihnen sagen, dass es mir Leid tut? Ich hoffe, sie kommen wieder und rufen wieder an – morgen und übermorgen.

Oben und unten sind aneinander gebunden. Wer mit Menschen redet,
ohne mit Gott zu reden,
dessen Wort vollendet sich nicht;
aber wer mit Gott reden will,
ohne mit den Menschen zu reden,
dessen Wort geht in die Irre.

Martin Buber

Ein Weihnachtslied im Sommer

Diese Reise verlief ganz anders, auch wenn es wieder eine Mittelmeer-Kreuzfahrt war. Ich fuhr nun zum dritten Mal auf demselben Schiff – nicht als Passagier, sondern als Pastorin für die etwa vierhundert Fahrgäste. Ich hatte viel zu tun, mehr als sonst. Viele Kranke waren an Bord, auch solche, die bei Landausflügen Begleitung brauchten. Es gab wie immer „Das Wort zum Sonntag" über das Bordfernsehen, Gottesdienste und Andachten, Gespräche und Vorträge.

Bei den Mahlzeiten saß ich, wie gewohnt, zwischen dem Zauberer und den Künstlern. Irgendwo in dieser Region wird auch die Arbeit des Pastors angesiedelt – für die Fahrgäste soll alles getan werden. Ich reise gern und freue mich auf die Arbeit und die Menschen, die ich dabei kennen lerne.

Diesmal war eine berühmte Sängerin engagiert, außerdem ein Schweizer Xylophonspieler, ein Tänzer und Tanzlehrer, ein Professor, eine Kosmetikerin, ein englisches Komiker-Ehepaar.

Mit einigen von ihnen ging ich am Sonntagmorgen in eine griechisch-orthodoxe Kirche in Piräus. Am Abend sah ich ihre glanzvollen Vorstellungen und dachte: Ich wäre gern so begabt, so klug und gebildet, so witzig und humorvoll! Ich hätte auch gern solch eine herrliche Stimme wie diese Sopranistin. Wie wunderbar, so singen zu können! Und so musikalisch zu sein wie dieser Xylophonspieler! Welche Geschicklichkeit und Technik! Aber ich? Ich bin eigentlich ganz durchschnittlich begabt. Ich kann von allem ein wenig. Nichts Großartiges kommt dabei heraus.

In solcher Stimmung, also nicht gerade fröhlich, ging ich in meine Kabine. Da fiel mir aus heiterem Himmel – mitten im Sommer – der Vers aus einem Weihnachtslied ein:

Er schenkt euch alle Seligkeit,
die Gott, der Vater, hat bereit't,
dass ihr mit uns im Himmelreich
sollt leben nun und ewiglich.

Natürlich – ich kannte diesen Vers auswendig, sonst hätte er mir
ja nicht einfallen können. Aber wieso fiel er mir gerade jetzt ein?

„Er schenkt euch alle Seligkeit …"

Und ich? Ich bin unzufrieden und beklage mich, dass mir
manche Begabung fehlt.

Ich schämte mich. Und da der Lärm der Ventilatoren laut genug war, sang ich diesen Vers. Ich war überhaupt nicht mehr
traurig, sondern sehr glücklich.

„Er schenkt euch alle Seligkeit …"

Ich weiß das, aber ich vergesse es immer wieder. Andere Erfahrungen, Enttäuschungen und Schmerz verdecken es. Gott muss
mich erinnern. Dass er es tut, ist für mich das Unfasslichste am
Leben überhaupt.

„Herr, ich will dir danken – heute und morgen – und dich
loben. Und ich weiß, dass im Himmel das Loben nicht aufhören
wird."

Wir haben solche Zusage Gottes,
solch starken Trost
und können nichts damit anfangen
noch dafür danken oder uns freuen.
O du leidiger Unglaube,
wie stockhart und dürre wie Stein bist du,
dass du solch große Dinge nicht fühlst.

Martin Luther

Ich konnte es dir nicht sagen

Du findest es sicher merkwürdig, Friederike, dass ich dir jetzt bereits schreibe, wir haben uns ja gerade erst verabschiedet. Aber ich kann unser Gespräch nicht so plötzlich abbrechen – nur weil der Zug abfuhr.

Etwas, das ich dir gern gesagt hätte, habe ich dir nicht gesagt. Du hast so viel von anderen Leuten geredet, und das, was ich dir sagen wollte, passte nicht dazu. Auch ich habe dir viel erzählt, aber nicht, was mich wirklich beschäftigt. Ich konnte es dir nicht sagen.

Warum ist das manchmal so? Ich kann dir immer nur das erzählen, was am Rande liegt, und hoffte, dass du die Mitte selber hörst. Aber du hast nichts gehört. Du bist hin und her gelaufen, hast Kaffee gekocht und nach Fotos gesucht. Warum habe ich nicht einfach gesagt: Nun setz dich doch mal hin und hör zu, ich möchte dir etwas erzählen? Aber dann waren die zwei Tage vorbei. Ich fahre nach Hause, und du fährst nach München.

Sei nicht traurig, ich will dir keinen Vorwurf machen, er würde mich ja genauso treffen. Aber warum ist das so? Wir haben nicht in der Hand, dass etwas gelingt – ein Gespräch zum Beispiel. Aber wir leiden darunter, wenn es nicht gelingt.

Friederike, – du wirst es jetzt kaum noch glauben – aber ich war so gern bei dir. Du hast mir Worte von Oswald Chambers vorgelesen. Worte, die er vor siebzig Jahren geschrieben hat, die zuerst nur mein Ohr erreichten und nun immer tiefer in mich einsinken – so wie der Regen draußen in die Felder einsinkt. Ich hoffe, diese Worte werden bei mir bleiben und da sein, wenn ich sie brauche.

Ich meine seine Fragen und Gedanken zu dem Vers aus dem Hebräerbrief: „Denn der Herr hat gesagt: Ich will dich nicht verlassen noch versäumen." Wie Chambers dazu fragt: „Habe ich mir das von Gott sagen lassen? Glaube ich dem, was Gott sagt, oder dem, was ich befürchte? Wenn ich es glaube, kann ich singen auf meinen alltäglichen Wegen."

Warum hast du mir gerade das vorgelesen? Du konntest nicht wissen, wie sehr ich es brauchte.

Die Frau, die mir gegenüber sitzt, sagte eben: „Der Zug wackelt so, kann denn einer lesen, was Sie da schreiben?"

„Ich schreibe an jemanden, der mich gut kennt."

„So gut?"

„Ich glaube schon!"

„Das ist selten. Da haben Sie Glück. Gute Freunde sind selten. Wer hört einem schon zu? Will doch keiner hören, worunter man leidet …"

Du, ich muss diesen Brief abbrechen. Die Frau würde gern weiterreden. Es macht nichts, dass es Dinge und Gedanken gibt, die nicht ausgesprochen sind, Geheimnisse, die nur Gott kennt. Ich will zuhören und versuchen, ein „guter Freund" zu sein. Das Wort: „Ich will dich nicht verlassen …" gilt ja auch ihr. Lebe wohl und bleibe behütet. Vielleicht sehen wir uns im Dezember wieder!

Oft ist es nicht Not,
die mich auf den Gedanken bringt,
Gott wolle mich im Stich lassen,
sondern die mühselige Plackerei
des Alltagslebens.
Es ist keine erhabene Tat zu vollbringen,
es ist kein großartiger Augenblick da,
nichts Schönes oder Wunderbares,
nur das gewohnte Tagewerk tagein, tagaus –
gelingt es mir, den Glauben
an die Zusicherung Gottes
in diese Dinge hineinzutragen?

Wenn wir Gottes Zusicherung im Rücken haben, erhalten wir eine erstaunliche Kraft und lernen singen auf unseren alltäglichen Wegen ...

Oswald Chambers

Ein Platz im Himmel

Ohne die Zahnschmerzen damals hätten wir Jim nie kennen gelernt. Mein Mann fuhr mit mir im Auto über die Hochlandstraße Neuguineas nach Ukarumpa, einer Station der Bibelübersetzer. Dort betrieb Jim Blackwood seine kleine Praxis, in der er Einheimische und Europäer behandelte. Er reiste auch durch die Dörfer, um in Notfällen zu helfen. Mit sechzig Jahren hatte er sich in den USA pensionieren lassen, um mit seinem Wissen und seiner Erfahrung in einem Land der Dritten Welt zu arbeiten. Da er von seiner Pension leben konnte, berechnete er Patienten jeweils nur das Material für die Füllungen, Spritzen usw. Die Kosten lagen zwischen 60 Pfennig und sechs Mark. Eine Helferin hatte er nicht.

In seiner Praxis gab es etwas Besonderes. An der Stelle der Zimmerdecke, auf die mein Blick aus dem schräg gestellten Zahnarztstuhl fiel, klebte ein Poster. Eine schöne Landschaft, darunter stand in klaren weißen Buchstaben: He is risen! (Er ist auferstanden!)

„Du wunderst dich vielleicht über das Plakat", sagte er, während er bohrte, „aber ich finde, wir leben oft so, als wäre Jesus nicht auferstanden … Offen gesagt, dein Zahn ist eine Katastrophe! Aber weißt du, Zähne sind nicht alles. Auch Zahnschmerzen werden einmal aufhören. Und Tränen."

Er pfiff eine Choralmelodie vor sich hin. (Später, als ich ihn länger kannte, wusste ich, dass er immer dann pfiff, wenn es besonders schwierig wurde mit Löchern und Wurzeln.) Dann war er fertig.

„Wie geht es euch in Goroka?", fragte er. „Du siehst müde aus. Habt ihr viel Arbeit?"

„Wir haben immer viele Gäste", sagte ich, „manchmal hundert im Monat. Durchreisende Missionare, Besucher aus Übersee, neulich ein ganzes Kamerateam …"

„Im Himmel gibt es einen besonderen Platz für Leute mit vielen Gästen", meinte er und lächelte. „Du darfst jetzt nichts essen wegen der Betäubung. Am besten kommt ihr mit in mein Haus. Es ist sowieso gerade Mittag. Ich koche uns eine Suppe. Seit meine Frau nicht mehr lebt, koche ich selbst. Du kannst die Suppe durch einen Strohhalm trinken; es dauert ja lange, bis ihr wieder zu Hause seid. Und ein paar Eier könnt ihr mitnehmen, die Hühner legen mehr, als ich brauche."

Beim Abschied fragte ich ihn: „Soll ich wiederkommen zum Polieren der Füllung?"

„Nein, wegen der Füllung nicht. Das ist nicht nötig. Aber kommt doch vorbei, wenn ihr auf dem Weg nach Lae seid."

Als wir wieder nach Ukarumpa kamen, brachten wir ihm frisch gebackenes Brot mit, und er gab uns von seinem Salat und Mais, auch Erdnüsse für die Kinder. Aber es war mehr als ein Austausch von Lebensmitteln. Es gab Gespräch und Gebet bei Tisch und eine Freundschaft, die tröstete.

Die Sache mit dem besonderen Platz im Himmel habe ich ihm nie recht geglaubt, oder doch?

Wenn Fische nicht anbeißen

Was machst du?", fragt Micha und lehnt sich gegen meinen Schreibtisch – an seinen Händen und Knien klebt grauschwarzer Schlamm; er hat geangelt.

„Ich schreibe", sage ich.

„Das seh' ich. Aber ... was schreibst du?"

„Geschichten."

„... die du dir ausdenkst?"

„Nein, richtige Geschichten, die passiert sind."

„Und was ist passiert?"

„Micha, das kann ich dir jetzt nicht so mit einem Wort sagen."

„Brauchst du auch nicht! Ich hab' Zeit, die Fische beißen heute sowieso nicht an. Der Köder ist nicht gut. Peter sagt, am besten ist Weißbrot; kleine Weißbrotkügelchen, die langsam untergehen.

„Dann hol dir doch Weißbrot aus der Küche."

„Wir haben kein Weißbrot mehr ... und du wolltest doch sagen, was du schreibst!"

„Micha, ich schreibe darüber, wie wir mit Gottes Zusagen leben können, mit seinem Wort ..."

„Versteh' ich nicht. Meinst du, was Gott zu dir sagt?"

„Ja!"

„Komisch, mit mir redet er nicht."

„Nein, das ist auch anders, als wenn wir beide miteinander reden – das hören wir ganz deutlich, und andere können es auch hören. Aber manchmal ist es so, wenn wir in der Bibel lesen, als ob Gott die Sätze, die da stehen, mir selbst sagt."

„Aber ... ich denke, die Bibel ist von Menschen geschrieben?"

„Ja, das stimmt. Trotzdem kann Gott durch diese Worte Menschen rufen und trösten und mit ihnen reden."

„Hm", meint Micha, „was sagt er denn?"

„Heute Morgen stand da zum Beispiel ein Wort des Propheten Jesaja: ,Fürchte dich nicht, ich habe dich erlöst. Ich habe dich bei deinem Namen gerufen. Du bist mein.'"

„Das klingt ja, als ob man einem anderen gehört, gar nicht mehr sich selbst!"

„Genau! Das sagt Gott: ,Weil du mir gehörst, brauchst du keine Angst zu haben. Ich habe dich erlöst.'"

„Aber … erlöst? Meinst du so wie bei Dornröschen? Mit einem Kuss?"

„Ja, so ähnlich. Wo Gott mit uns redet und uns mit seiner Liebe anrührt, da ist es, als ob wir aus einem tiefen Schlaf aufwachen und nun erst richtig leben. Und wenn wir einmal sterben, werden wir bei ihm im Himmel sein."

„Kann ich mir nicht vorstellen! Aber ich bin gespannt, wie es im Himmel aussieht. Du, Mammie??"

„Ja?"

„Kann ich jetzt zu Peter gehen? Vielleicht hat seine Mutter ja Weißbrot für die Köder!"

„Ja."

Und ich denke: Wie schwer ist es, einem Neunjährigen solch ein Wort zu erklären! Verstehe ich es selbst denn genug? Und werde ich es je ganz verstehen? Dabei liebe ich gerade dieses Wort so sehr! Welch eine Befreiung! Gott hat mich erlöst! Und ich? Ich brauche nun nichts zu tun, als davon zu leben und ihm dafür zu danken und all das, was er mir schenkt, mit anderen zu teilen. Ich kann vertrauen, dass dieses Wort mich durch traurige und mühsame Stunden tragen wird – in dem Maße, wie ich Gottes Güte in mein Leben einlasse.

Gottes Wort ist nicht eine Summe
ewiger allgemeiner Sätze,
die ich jederzeit gegenwärtig haben könnte,

sondern sie ist das täglich neue Wort Gottes
an mich in dem unendlichen Reichtum
der Auslegung.

Dietrich Bonhoeffer

Eine Frage, auf die ich
nicht gefasst war

Es gibt Tantalusqualen besonderer Art. Länger wartete ich auf das Buch eines Freundes. Er hatte mir in einem Brief davon erzählt und wollte es schicken, sobald es erschienen war. Als es eines Morgens mit der Post dann kam, hatten wir eine Lehrerin aus Ostfriesland zu Gast. Sie trank Tee und wollte bis zum Abend bleiben. Ich konnte das Buch nur schnell auspacken und auf meinen Schreibtisch legen.

Aber am nächsten Tag gab es eine Chance. Susanne musste zum Konfirmandenunterricht gefahren werden; ich konnte in der Einfahrt parken, im Auto sitzen bleiben und lesen. Für dieses Vergnügen – und um sein neues Buch zu feiern – nahm ich mir eine Thermoskanne heißen Kaffee mit. Ich goss den braunen Plastikbecher halb voll und trank den ersten Schluck! Herrlich! Und keiner wusste, dass ich hier war, hier in der Einfahrt zu unserem alten Gemeindezentrum.

Da klopfte es gegen die Scheibe.

„Was machst du denn hier?", fragte meine frühere Nachbarin.

„Du musst den Kaffee doch nicht im Auto trinken! Komm mit zu mir, dann kannst du gleich meine neuen Gardinen sehen!"

Nach einer halben Stunde saß ich wieder im Auto, genug Zeit, um mir einen ersten Eindruck vom neuen Buch zu verschaffen. Auf der anderen Seite wurde nun die Tür geöffnet. Der Küster fragte, ob ich die Lieder für den Gottesdienst am Sonntag schon ausgesucht hätte, der Organist brauche sie … und übrigens habe Mirjam eine hervorragende Klassenlehrerin … Und weil es kalt war, setzte er sich auf den Beifahrersitz. Dann war der Konfirmandenunterricht zu Ende.

„Hast du dein Buch gelesen?", fragte Susanne.

„Nein, noch nicht, zu Hause dann!"

Es war dunkel, als wir zurückfuhren, und der Abend, frei von jeder Überraschung, gehörte mir. Ich blätterte und las, fand Vertrautes und Neues und blieb an einem Satz hängen. Er hakte sich bei mir fest, und ich wurde ihn nicht los. Es war die Frage Jesu an den Blinden: Was soll ich dir tun?

Ohne dass ich es wollte, war diese Frage an mich gerichtet. Gott fragte mich: Was soll ich dir tun? Ich war erschrocken und beglückt zugleich. Ich fühlte mich wie ein Kind, das gefragt wird: Was wünschst du dir zu Weihnachten? Ich fühlte mich reich, konnte auswählen und wünschen und war plötzlich ratlos. Es ging ja nicht um dies oder jenes und das andere dann auch noch, sondern um das, was ich wirklich brauchte. Nicht für meinen Mann und unsere Kinder, sondern für mich selbst. Was wollte ich am allermeisten? Was wollte ich denn mit meinem Leben? Einen ganzen Tag habe ich darüber nachgedacht, ehe ich es wusste.

Die Frage hatte mich überrascht. Ich bin es gewohnt zu überlegen, was ich für andere tun kann und vielleicht sogar für Gott: etwas Schönes, Großes, Bleibendes.

Aber nun kehrte sich alles um. Gott fragte mich: Was soll ich dir tun? Und: Glaubst du, dass ich es tun kann? – Alles ist möglich dem, der glaubt.

Die Geschichte von Salomo fiel mir ein; Gottes Wort an ihn: „Bitte, was ich dir geben soll!" Salomo hatte tausend Brandopfer auf dem Altar geopfert, und nachts im Traum erscheint ihm Gott. Und Salomo antwortet: „Du wollest deinem Knecht ein gehorsames Herz geben!"

Aber ich war nicht wie Salomo. Ich hatte viele andere Wünsche; sinnvolle und unsinnige, solche aus dem Moment heraus und andere, die ich immer haben würde, egoistische und berechtigte, aber am Ende des Tages flossen sie alle in einen großen Wunsch zusammen, in eine Bitte. Nicht dieses oder jenes betreffend, sondern mein Leben als Ganzes. Ich weiß, dass Gott sie gehört hat und dass er es tun kann. Dass er aber auch die kleinen Bitten nicht überhört, dass er meine Tränen zählt und mein Lachen mitlacht.

Ich kann mich nicht freuen

Rate mal, was ich bin!", rief Susanne, noch ehe die Tür ins Schloss fiel. Sie kam vom Konfirmandenunterricht nach Hause.

„Ich weiß nicht ... keine Ahnung!", sagte ich.

„Ich bin die Nummer eins vom lieben Gott!" Sie strahlte.

Als ich verblüfft schwieg, meinte sie: „Stell dir vor, Gott hat gesagt: sehr gut! als er die Menschen geschaffen hat. Er hat sich über sie gefreut. Über mich auch!"

Susanne war voll Triumph und Freude. So hatte ich sie lange nicht gesehen. Ich freute mich mit ihr und dachte: Wenn ich so strahlend – ohne jeden Zweifel – Gott glauben könnte, dass ich das Kostbarste bin, was er hat, dann wäre alles gut. Dann könnte ich leben und mich freuen.

„Du", sagte eine Freundin kürzlich am Telefon zu mir, „ich bin so kaputt! Ich kann mich gar nicht mehr freuen. Woran liegt das nur? Man hetzt und rennt den ganzen Tag und wird doch nicht fertig: Arbeit, Schlafen, Arbeit, Schlafen – wie ein Karussell, das sich immer schneller dreht. Und zum Leben bleibt keine Zeit!"

„Das ist manchmal auch mein Gefühl", sagte ich. „Es gibt Tage, die sind so turbulent, dass ich froh bin, wenn ich nachts mal aufwache und alles still und dunkel ist und ich Zeit habe nachzudenken und Gott zu sagen, was mich plagt. Dieses Reden mit Gott ist wie eine Atempause für mich, anders könnte ich die Hektik nicht ertragen …"

„Ich wache nachts nicht auf", sagte Anne-Marie. „Ich höre kaum den Wecker!"

„Komm doch am Wochenende mal zu uns. Besuch uns! Das Gastzimmer ist frei. Ich muss dir etwas erzählen."

„Du hast Recht, ich brauche eine Pause, ich komme …", sagte sie.

Ich dachte an diesen merkwürdigen, furchtbaren Traum, den ich hatte. Und was dann geschah. Ich träumte, jemand sagte mir immer wieder: „Ich verachte dich!" Und damit ich es begriff, hielt er mir einen langen, weißen Papierstreifen hin, auf dem in großer, schwarzer Schrift stand: Ich verachte dich!

Wie betäubt wachte ich auf. Es war, als ob eine schwere Steinplatte auf mir läge, unter der ich mich nicht bewegen konnte. Natürlich musste ich aufstehen und die Kinder für die Schule wecken, Frühstück und Schulbrote fertig machen. Auch mein Mann ging vor acht schon aus dem Haus.

Als ich allein war, dachte ich: Er hat ja Recht. Ich selbst halte ja auch nicht viel von mir. Ich verachte mich oft auch. Hatte ich den Satz vielleicht selbst geschrieben?

Um meinen Gedanken zu entgehen, begann ich zu arbeiten. Ich räumte auf – aber alle Griffe waren nur mechanisch. Ohne Kraft und ohne Leben – ohne Tränen auch. Ich war zu erstarrt, um zu weinen. Verzweifelt setzte ich mich an den Schreibtisch, ich wollte Material durchsehen und die Morgenandachten für die Kreuzfahrt im Mai vorbereiten. Ich schlug die Losung vom ersten Mai auf, und da stand: „Fürchte dich nicht, du von Gott Geliebter! Friede sei mit dir! Sei getrost, sei getrost."

Ich traute meinen Augen nicht, aber es stand da! Ich war erschrocken: War es möglich, dass Gott so antwortete? Dass er mich so trösten wollte? Ich konnte es nicht fassen.

„Du von Gott Geliebter …" Das drang immer tiefer in mich ein. Gott liebte mich – ich brauchte nichts mehr als seine Liebe. Gerade jetzt. Langsam löste dieser Satz alles Schwere des Traumes auf. Wie war es nur möglich, dass ein Satz, ein einziger Satz mich so verwandelte? Ich hatte mich in die Arbeit geflüchtet, aber Gott fand mich auch da. Und da, wo er unser Leben berührt, entsteht Freude. So groß und so tief, dass ich es selbst kaum begreife. Aber ich kann wieder leben und mich freuen über mein Leben – so, wie Gott es mir zugedacht hat.

Kann es denn nicht sein,
dass Gott uns selbst die Stunden der Leere
und Dürre schickt,
damit wir wieder alles
von seinem Wort erwarten?
Suche Gott, nicht Freude …
Suchst du Gott allein,
so wirst du Freude empfangen.

Dietrich Bonhoeffer

Bis wir uns wiedersehen

Der Tisch war festlich gedeckt. Es gab Fondue, Salat, Apfelsaft, Wein und frisches Brot. Wie jedes Jahr, bevor mein Mann auf seine lange Dienstreise nach Papua/Neu Guinea und Hongkong ging, gab es ein Abschiedsessen und einen letzten Abend.

Als alle am Tisch saßen – die Kinder hatten freiwillig geduscht –, sagte mein Mann: „Was wollen wir singen? Wir brauchen ein Lied, das bei uns bleibt, bis wir uns wiedersehen."

„Ach bleib mit deiner Gnade …"

Wir sangen. Eigentlich konnte ich weder singen noch essen. Wir nahmen die Gläser und lächelten uns an, aber unter dem Lächeln waren Tränen.

Abschied ist mühsam, heute Abend schlimmer als morgen früh am Flugplatz, wo es dann um Fensterplätze, Fluggepäck und Sicherheitskontrolle geht. Der Abschied ist kurz, dieser ist lang. Jedes Mal denke ich: Und wenn er nicht wiederkommt? All die Flüge und Wege, die schlechten Straßen und Wege durch den Busch. Und dann gibt es in all dem nichts als die Bitte: „Ach bleib mit deiner Gnade bei uns, Herr Jesu Christ!" Ach bleib mit deinem Wort, mit deinem Segen und deinem Schutz bei uns, jeden Tag! Nichts als diese Bitte. Und doch, welch ein Unterschied! Ohne zu bitten, wären es eben nur Angst und Besorgtsein, aber so: das Glück, Gott das Sorgen zu überlassen, weil er allein sorgen kann.

„Bleib behütet!", sagt mein Mann. Er nimmt mich in den Arm und dann die Kinder, es ist auch für ihn nicht leicht.

„Gewöhnt man sich nicht daran?", fragen Freunde mich. Wie kann man sich daran gewöhnen, dem Flugzeug nachzusehen wie es in den Wolken verschwindet?

Fast mechanisch drehe ich mich um, fasse Michas und Isabelles Hand, schließe das Auto auf und fahre nach Hause, als kenne das Auto den Weg. Ich denke mir schnell etwas aus, das die Kinder freut. Es ist Sonnabendnachmittag, wir setzen uns an den großen Tisch und spielen „Alaska", das Eisschollenspiel – über die Schollen werden die Schätze von der Insel geholt.

Mittendrin läutet das Telefon. Mein Mann ruft noch einmal aus Frankfurt an und wünscht jedem, dass er gewinnt. Und ich denke: Es ist wirklich so, dass wir alle gewinnen in dieser Zeit: die Kinder, weil sie selbstständiger und größer werden und fast jeden Tag Post bekommen von ihrem Vater, der sie liebt. Und wir auch, weil wir merken, wie sehr wir uns lieben und brauchen und wie die Bitte um Bewahrung uns in der Zeit der Trennung verbindet. Manchmal gibt Gott uns nichts als eine Bitte – und alles ist gut.

> Wenn ich schlafe, wacht sein Sorgen
> und ermuntert mein Gemüt,
> dass ich alle liebe Morgen
> schaue neue Lieb und Güt.
> Wäre mein Gott nicht gewesen,
> hätte mich sein Angesicht
> nicht geleitet, wär ich nicht
> aus so mancher Angst genesen.
> Alles Ding währt seine Zeit,
> Gottes Lieb in Ewigkeit.

Paul Gerhardt

Meine kurze Einsamkeit

Als die vier Kinder vier Wochen Grippe gehabt hatten – jedes eine Woche –, dachte ich: Ich möchte auch mal im Bett liegen mit Kamillentee und Vanille-Eis, mit Büchern und einem Dackel, der mir die Füße wärmt.

Mein Wunsch ging sofort in Erfüllung – einen Tag nachdem mein Mann seine sechswöchige Dienstreise angetreten hatte.

Während ich mit Judith telefonierte, begannen die Magenkrämpfe, dann Schüttelfrost und Muskelschmerzen, Haut und Knochen taten weh.

„Kinder", sagte ich, „jetzt habe ich die Grippe."

„Du??", sagten sie. „Wie kommt das? – Dann musst du in die Badewanne und gleich ins Bett."

„Und ihr esst allein Abendbrot?"

„Na klar!"

Es war wunderbar in der heißen Badewanne, bis die Tür aufging und Isabelle sagte: „Ich komme zu dir in die Wanne, dann wird das Wasser noch wärmer!"

„Hm!"

Und als sie so dastand, sagte ich: „Wie groß du bist! In diesem Jahr wirst du schon sieben! Aber du bleibst immer mein kleiner Schatz."

„Ja", sagte Isi, „und ich gehe auch immer für dich zum Kaufmann, wenn du kein Salz hast oder keinen Zucker."

Im Bett war es warm und dunkel, ganz still.

Alles tat mir weh. Aber wie schön, einmal so allein zu sein! Keiner wollte etwas von mir. Ich war gerade am Einschlafen, als die Tür aufging.

„Mammie??!!", sagte Susanne. „Du hast nicht mit uns gebetet."

„Ja, stimmt. Könnt ihr heute vielleicht mal alleine …"

„Ja – Mammie? Kann ich auch dafür beten, dass Tipsy (unser Dackel) Junge kriegt?"

„Ja."

„Mammie?? Wie viel Junge darf Tipsy kriegen? Zwei oder drei?"

„Zwei!", sagte ich mit letzter Kraft. Und mit der Vision von jaulenden und winselnden Hundebabys, die hinter Tipsy her durchs Haus flitzen, auf den glatten Stufen abrutschen und hinfallen … schlief ich ein. Susanne würde Micha wecken, der früh zur Schule musste. Sie hatte den Wecker …

Als ich morgens aufwachte, hörte ich sie mit Tellern klappern. Wie schön! Ich konnte im Bett bleiben. Wenn jemand kam, würde ich mich schlafend stellen.

Wunderbar, so im Bett zu liegen! Ich konnte über alles Mögliche nachdenken. Warum – zum Beispiel – lag ich überhaupt im Bett? Ach ja, ich war krank! Was hatte ich denn? Richtig, Grippe! Aber eigentlich fühlte ich mich doch ganz gut. Ausgeschlafen wie selten. Warum stand ich nicht auf?

Susanne sagte: „Du, ich muss mich wieder hinlegen. Meine Grippe war doch noch nicht zu Ende. Bringst du mir Kamillentee mit Honig? Aber nicht so heiß!"

„Ja, gleich, mein Schatz!"

Ich dachte: wenn Gott nur in der Stille spricht, in Meditation und Einsamkeit – was tun Mütter dann? Und ich erinnerte mich an die Zeile, die ich neulich in einem englischen Buch beim Vorbeigehen in der Buchhandlung las: „Mütter sind Gott am nächsten."

Ich freute mich. Ich weiß nicht, ob es stimmt. Aber vielleicht stimmte es deshalb, weil Mütter sich so viele Sorgen um ihre Kinder und ihren Mann machen und diese Sorgen Gott immer wieder sagen und so mitten in der Arbeit bei ihm sind.

Ehe sie rufen, will ich antworten,
wenn sie noch reden, will ich hören.

Jesaja 65,24

Der das Ohr gepflanzt hat,
sollte der nicht hören?
Der das Auge gemacht hat,
sollte der nicht sehen?

Psalm 94,9

Gottes Sorgfalt

Ich erinnere mich nicht mehr, worüber wir sprachen; es war eine Dienstbesprechung. Sechs oder acht Mitarbeiter trafen sich in unserem Haus, wir saßen am Tisch und tranken Kaffee. Einer fragte, ob wir uns in der neuen Umgebung gut eingelebt hätten. Ich sagte: „Ja, es gefällt uns gut. Die Nachbarn sind sehr freundlich und hilfsbereit. Gestern …"

Als ich bei diesem zweiten Satz war, hörte keiner mehr zu. Ich brach mitten im Satz ab. Keiner merkte es. Ich war verletzt und erschrocken und dachte: Sind wir so erschöpft und übermüdet vom vielen Zuhören, dass wir nichts mehr aufnehmen können? Dabei sind wir selbst so angewiesen auf Sorgfalt und Aufmerksamkeit. Wir brauchen es, dass einer uns zuhört und wirklich ganz dabei ist und nicht schon an das Nächste denkt.

Aber wie wenig schaffe ich selbst es – bei Telefongesprächen oder bei der täglichen Arbeit. Das Essen ist lieblos und in Eile gekocht, es schmeckt nicht. Und der Brief, bei dem ich die Unterschrift vergaß, kann nicht zurückgeholt werden. Während die Kinder von der Schule erzählen wollen, räume ich schon den Tisch ab. Unaufmerksamkeit verletzt.

Gott weiß, wie verletzlich und verwundbar wir sind. Er liebt uns mit sorgfältiger Liebe und ungeteilter Aufmerksamkeit. Mit fast zärtlichen Worten heißt es von Gott in Bezug auf Jakob – und damit sein Volk – im „Lied des Mose":

> Er fand ihn in der Wüste.
> In der dürren Einöde sah er ihn.
> Er umfing ihn und hatte Acht auf ihn.
> Er hütete ihn wie seinen Augapfel.
> Wie ein Adler ausführt seine Jungenund über
> ihnen schwebt, so breitete er seine Flügel aus.
> Er nahm ihn und trug ihn auf seinen Flügeln.
> Der Herr allein leitete ihn.
> Kein fremder Gott war mit ihm.
>
> *5. Mose 32,10-12*

Gott findet mich auch da, wo mich keiner vermutet und sucht: in der Wüste. Und da redet er mit mir, damit ich am Leben bleibe. Aber manchmal höre ich seine Worte nicht. Verzagt und mutlos höre ich nur meine eigenen Gedanken und glaube ihnen. Bis Gott mich in meiner „Einöde" findet.

„Einmal am Tag brauche ich es", sagt Susanne, „dass ich ganz konzentriert und sorgfältig etwas tun kann, ganz ohne Eile. So wie Sarah und ich vorhin die kleine Brosche bemalt haben – dann bin ich glücklich."

Einmal am Tag etwas sorgfältig tun, weil dieser Tag nicht wiederkommt. Und vielleicht war es ein Tag, an dem Gott mir etwas sagen wollte, wenn ich zugehört hätte – sorgfältig und aufmerksam.

Du verstehst meine Gedanken von ferne.
Ich gehe und liege, so bist du um mich
und siehst alle meine Wege.
Denn siehe, es ist kein Wort auf meiner Zunge,
das du, Herr, nicht schon wüsstest.
Von allen Seiten umgibst du mich
und hältst deine Hand über mir.
Deine Augen sahen mich, als ich noch nicht
bereitet war, und alle Tage waren in dein Buch geschrieben, die
noch werden sollten.

Aus Psalm 139

Vier Worte nur

Wir hatten ein Ferienhaus am Faaker See gemietet. Es war Herbst, und es regnete. Ehrlich gesagt, es regnete schon den vierten Tag. Aber wir blieben. Einmal würde es ja aufhören! Es hörte nicht auf. Nur über Mittag war es trocken. In der Zeit pflückten wir Blumen, die noch blühten: Klee und Herbstastern, Gräser und Schafgarben, und ich setzte mich an den

Tisch und malte. Langsam und sorgfältig – es waren ja Ferien. Die Kinder holten ihre Farben und malten auch. Isabelle fand es leichter, einen Briefkasten zu malen als roten Klee, und mit ihrem Acht-Wochen-Schulwissen und unserer Hilfe schrieb sie: „Post" darauf.

„Das ist eine gute Idee!", sagte Susanne. „Wir könnten ja richtige Briefkästen machen … aus Streichholzschachteln und Zigarettenschachteln … aber wer schreibt uns Briefe?"

„Wir schreiben sie uns gegenseitig!", sagte ich.

„O ja! Schreibst du mir wirklich? Einen richtigen Brief?"

„Ja!"

„Ich schreibe dir auch!", sagte Vater.

„Dann machen auch wir Briefkästen", entschieden Micha und Isabelle. Nur Johannes las weiter in seinem Buch, er hatte nichts gehört.

Die Postkästen waren klein. Umschläge und Briefe mussten noch kleiner sein. Höchstens vier Worte konnte man schreiben: „Du bist mein Schatz." – „Dein Bild ist schön!" – „Wollen wir schwimmen?" – „Möchtest du Eis?" – „Soll ich dir vorlesen?" – „Ich hab dich lieb." – „Morgen geht's zur Burg! Da ist eine Schatzkiste!"

Ich kann nicht sagen, ob der Regen an dem Tag aufhörte, wir achteten nicht darauf. Das Briefkastenspiel aber ging weiter, auch als wir schon zu Hause waren. Nicht immer, aber manchmal steckt ein Brief im Kasten, morgens, wenn wir aufstehen. Und wie schön ist es, einen Brief in der Tasche zu haben, in dem steht: „Ich habe dich lieb!"

Gottes Worte und Zusagen sind solch ein Brief an uns. Er möchte, dass wir ihn lesen und bei uns tragen wie einen großen Schatz. Er möchte, dass wir ihm glauben, wenn er sagt: „Du bist wertgeachtet in meinen Augen!" „So fürchte dich nun nicht!" (Jesaja 43).

Das Wunderbare an der Liebe des Glaubens
kommt nicht aus noch so hohen Grundsätzen,
sondern aus dem Glauben an das Angeschautsein –
„Da schaute ihn Jesus an und liebte ihn" (Markus 10,21).
Nicht die Erinnerung nur an diesen Jesus
und die Einzigartigkeit seiner Liebeshingabe
kann mich in der Schwebe des Lebendigen halten
und das Wunderbare an der Liebe erwecken,
sondern der Glaube, dass dieser Dialog der Liebe
zwischen ihm und mir ein lebendiger ist:
„Da schaute ihn Jesus an und liebte ihn"
und „Liebst du mich?" (Johannes 21,16).

Johannes Bours

Trösten wie eine Mutter

Meine Mutter hatte eine besondere Gabe: Sie konnte trösten. Und wenn ich an sie denke, denke ich daran, wie sie uns tröste. In ihrem kleinen Laden verkaufte sie, was gerade gebraucht wurde. Zu Ostern Schultüten und Osterhasen, zu Weihnachten Puppenwagen und Aufziehautos, auch Tannenbaumkugeln, Lametta und Schlittschuhe. Das ganze Jahr über Zigaretten und Zeitungen, Schulhefte, Ansichtskarten und Sonnenbrillen. Manchmal auch eine Handtasche. Dann freute sie sich und erzählte es uns.

Und wenn die Frauen kamen, um neue Groschenromane zu

holen und anschreiben zu lassen, dann tat sie dies, obwohl der vorige auch noch nicht bezahlt war.

„Wie geht es Ihnen?", fragte sie. Sie fragte, weil es ihr selbst nicht immer gut ging. Und sie hörte zu, auch wenn es lange Geschichten waren. So viele Kunden hatte sie ja nicht.

Und wenn wir Kinder von draußen herein kamen, weil wir uns beim Rollerfahren die Knie aufgeschlagen hatten, dann nahm sie uns in den Arm und hielt uns, bis wir aufhörten zu weinen. Sie holte ein Pflaster und sagte: „Morgen ist es wieder gut! Morgen wollen wir Brombeeren und Pilze sammeln, wenn Großvater solange im Laden bedient."

Und später, wenn wir aus der Schule kamen, enttäuscht über schlechte Zensuren, über Lehrer und Mitschüler oder eigentlich über uns selbst, dann holte sie tief Luft, nachdem sie unsere Klagen gehört hatte, und meinte: „Ja, das ist alles gar nicht so einfach. Ich könnte das nicht. Aber du schaffst es bestimmt. Jetzt isst du erst mal etwas, und dann kommst du runter in den Laden und hilfst mir ein bisschen."

Sie wusste, wer traurig ist, den darf man nicht allein lassen. Sie war mit uns traurig und freute sich mit uns.

Und für mich ist noch heute ein Sommer, in dem ich nicht irgendwo Brombeeren pflücke, kaum denkbar.

Unsere Kinder finden, dass Brombeeren zu viele und zu scharfe Dornen haben. Sie wissen nicht, woran ich dabei denke und wie sehr ich mir wünschte, dass ich so trösten könnte. Ich suche sofort nach Erklärungen, Vorschlägen und Ratschlägen. Sie nahm uns ruhig in den Arm und ließ uns Zeit für den Schmerz. Und ihre Geste sagte: Du bist mein liebes Kind, bleib jetzt bei mir, bis es wieder gut ist. Und: Hab keine Angst, du schaffst es.

Ich denke, das ist es, was Gott uns anbietet: Zuflucht und Trost bei ihm zu finden, der uns anhört und zuhört, solange wir reden, der uns nicht wegschickt. Bis in seiner Nähe der Schmerz erträglich wird, weil wir nicht allein sind. Weil Gott sieht und Gott weiß.

Ich will euch trösten,
wie einen seine Mutter tröstet.

Jesaja 66,13

Fünfhundert Stufen

Als wir abends gebetet haben und ich die Kinder noch einmal zudecke, sagt Micha: „Du, Mammie??!! Ich würde gern mal mit Gott persönlich sprechen!"

„Das haben wir doch eben gerade getan!"

„Nein", sagt Micha, „ich meine so, dass er auch spricht und auf meine Fragen antwortet."

„Was möchtest du ihn denn fragen?"

„Ich würde ihn fragen, wie es im Himmel ist, wie es da aussieht … ganz genau … und wie lange es dauert, bis man oben ist, wenn man gestorben ist. Ob da eine Leiter ist oder so … Ich würde raufklettern, und wenn es fünfhundert Stufen wären!"

„Ja, das glaub' ich dir, Micha! Aber das sagt Gott uns nicht so genau. Was wir wissen: Du wirst auch im Himmel Micha heißen. Der liebe Gott wird dich kennen, und du wirst nicht verloren gehen."

„Und du", fragt Micha, „würdest du mich auch wieder finden?"

„Ganz bestimmt! Im Himmel wird es so sein, dass uns nichts fehlt."

„Ja, also … schlaf gut!"

„Gute Nacht, mein Schatz!"

Als ich die Treppe vom Kinderzimmer hinuntergehe, denke ich: Woher weiß ich das eigentlich! Habe ich ihm nicht zu viel versprochen?

Aber Jesus selbst ruft uns zu: „Freut euch, dass eure Namen im Himmel aufgeschrieben sind" (Lukas 10,20).

Ich werde Micha erzählen, dass dieses Wort auf dem Grabstein seines Großvaters steht. Und dass Gott auch ihn, so wie er ihn ins Leben gerufen hat, mit seinem Namen immer kennen wird, ob er nun lebt oder stirbt. Und ich denke an das Wort aus der Offenbarung „Ich werde ihm einen weißen Stein geben, und auf dem Stein ist ein neuer Name geschrieben, den niemand kennt, als nur der, der ihn empfängt."

Gott kennt meinen Namen.
Gott kennt mich.
Er ruft mich bei meinem Namen.
Was ist das, wenn ein Liebender den Geliebten
bei seinem Namen nennt!
Gott nennt mich bei meinem Namen.
Mein Name, das bin ich, mein ganzes Wesen,
meine ganze Geschichte.
Ich, der ich anders bin als alle anderen.
Ich will dies im Glauben immer mehr zulassen:
Gott nennt mich bei meinem Namen!
Gott, der Liebende.
Herr, du kennst mich!
Du weißt von mir.

Johannes Bours

Wie gut habe ich es!

Schon wieder ist es zwölf Uhr mittags. Ich muss aufhören – gerade, als ich mitten in der Arbeit bin. Ich muss das Mittagessen kochen. Ich bin ärgerlich und unzufrieden.

Aber gleich kommen die Kinder aus der Schule. Dann überfallen sie mich mit allem, was „blöd" war: Die Möllendorf hat die Arbeiten nicht zurückgegeben, … Mathe konnte keiner begreifen, weil der Schmitt nicht erklären kann … und dann war die Ampel so lange rot … das Fahrradschloss klemmte …

Ich stehe am Herd, und weil mein Mann gerade auf Reisen ist, gibt es Apfelpfannkuchen. Äpfel und Teig sind schnell vorbereitet, die Platte ist eingeschaltet. Langsam wird das Öl in der Pfanne heiß. Die Warme steigt auf und wärmt mir die vom Schreiben ein wenig steifen Finger. Wie schön! Wie schön, einen Herd zum Kochen zu haben, Eier, Mehl, Milch und Fett und sogar Äpfel dazu. Die Äpfel, all die Apfel, die Freunde uns schenkten, reichen immer noch.

Die Pfannkuchen sind in der Pfanne. Es duftet nach heißen Äpfeln, die sauren Boskop duften ganz besonders. Wie schön – ich habe ein warmes Essen für die Kinder! Ich probiere den ersten Pfannkuchen am Herd, streue ein wenig Zucker darüber. Er schmeckt herrlich. Ich habe Hunger und kann essen, mein Magen ist gesund.

Gleich werden die Kinder kommen, wie jeden Mittag. Aber so selbstverständlich ist es nicht. Sie müssen über drei verkehrsreiche Straßen, eine hat keinen Überweg. Wo sie nur bleiben?

„Herr, behüte sie! Ich danke dir für die Kinder! Wie gut, dass sie alle noch bei uns sind und dass wir gleich zusammen essen werden. Wie gut habe ich es! Herr, ich danke dir!"

Und ich denke: Wie selbstverständlich nehme ich es hin, dass ich eine Familie habe; Kinder und einen Mann, der mich liebt.

Nachbarn und Freunde, ein Haus und ein Auto, Kleidung und Essen. Aber auch all das Außergewöhnliche und Schöne, Freude und Überraschung – ohne zu danken, rinnt es mir wie Wasser durch die Finger. Bei allem, was ich habe – habe ich nicht nur das wirklich, wofür ich Gott danke?

Ein Freund sagte neulich: „Weißt du, dass es jeden Tag mindestens zehn Dinge gibt, für die du danken kannst? Versuche es mal!"

„Du meinst, das wäre eine gute Übung für Christen?"

„Nein, keine Übung! Das wäre Leben. Gott loben und leben – das ist dasselbe."

Alles, was geschieht, ist ein Geschenk für mich.
Alle Wahrheit, die ich verstehe, ist ein Geschenk,
alle Liebe, die ich gebe oder empfange,
alle Lebenskraft, die mich erfüllt.
Alles, was mir einfällt, ist dein Gedanke.
Von wo sollte es mir einfallen,
wenn nicht von dir?

Jörg Zink

Franziska schwieg

Keiner war im Haus. Ich konnte in Ruhe arbeiten. Aber eben das störte mich. Ich hätte gern mit jemandem gesprochen – über eine Sache, die mir gerade jetzt wichtig war. Mit Franziska vielleicht?

Ich rief sie an: „Franziska? Du, was tust du gerade?"

„Ich? Ich streichle meine Katze!"

„Hm, und was willst du dann tun?"

„Ach, nichts Besonderes, man muss ja nicht immer etwas tun."

„Dann sei doch so nett und komm eben rüber zu mir, ich würde gern mit dir reden. Eine halbe Stunde nur!"

„Gut, ich bin gleich da!"

Franziska, die auf spontane Bitten spontan reagiert, setzte sich auf den niedrigen Hocker am Kamin und wärmte ihre Hände am Feuer: „Dass der September schon so kalt ist! Sag mal, du sitzt ja noch an der Schreibmaschine! Ich dachte, dein Manuskript sei fertig! Weißt du, was mich interessieren würde – ich habe ja einige der Geschichten gelesen: Gibt es bei all dem, was du schreibst, eigentlich ein Wort das dir besonders nahe ist? Ich meine, das dich jetzt am stärksten berührt?"

„Ja, das gibt es. Und merkwürdig … es kommt in den Texten nicht vor."

„Warum nicht?"

„Ich weiß nicht. Ich zögere immer, das zu sagen, was mir wirklich wichtig ist."

Franziska schwieg.

Nach einer Weile sagte sie: „Ich kann das verstehen, im Grunde bin ich auch so. Trotzdem denke ich, wir sollten uns nicht nur äußere Dinge mitteilen und leihen oder schenken. Nicht nur zwei Eier und eine halbe Tasse Öl – sondern etwas von dem, was wir selbst sind. Ich meine: die Kraft, von der wir leben. Wir sollten sie nicht für uns verstecken!"

„Auch auf die Gefahr hin, dass der andere missversteht und wir verletzt sind?"

„Das Risiko musst du eingehen."

Ich legte Holz nach und sagte: „Weißt du, das Wort, das ich meine, ist ein ganz bekanntes. Ich kenne es seit vielen Jahren … aber ich habe es noch nie so gehört wie damals, als Friederike es mir vorlas. Du kennst es auch: ‚Kommt her zu mir alle, die ihr mühselig und beladen seid, ich will euch erquicken.'"

„Ja, ich kenne es."

„Das Merkwürdige bei diesem Wort Jesu ist, dass es erst seine Kraft entfaltet, wenn ich tatsächlich ‚komme', wenn ich die Einladung annehme. Du glaubst nicht, welch eine Ruhe das bewirkt. Ich habe plötzlich Boden unter den Füßen. Damals, als ich so nervös war vor der Predigt, weil ich mein Manuskript vergessen hatte, und neulich bei der Fernsehsendung. Aber auch an ganz gewöhnlichen Tagen; wenn es Spannungen in der Familie gibt. Wenn ich selbst enttäuscht und traurig bin – immer wieder höre ich diese Einladung: Komm her zu mir … auch da, wo ich es gar nicht vermute.

Und am letzten Sonntag beim Abendmahl war mein Wort wieder da: ‚Kommt her zu mir alle, die ihr mühselig und beladen seid, ich will euch erquicken.'"

„Du meinst", unterbrach mich Franziska, „die Erfahrung, dass du viel stärker von dem lebst, was Gott schenkt, als von dem, was du selbst machst … Aber sag mal, du wolltest doch über irgendeine Sache mit mir reden, was war das?"

„Es war dies, Franziska."

Der Kaffee schmeckt anders

Der Tag begann damit, dass zwei unserer vier Kinder Grippe hatten und das Aquarium plötzlich undicht war. Bücher und Noten mussten trockengebügelt werden. Und am Abend, als ich zum dritten Mal das Geschirr vom Tisch in die Spülmaschine räumte, hatte ich das Gefühl: Ich ersticke zwischen den Töpfen und Tellern, Wärmflaschen und Bügeleisen. „Ich muss einmal raus. Ich möchte verreisen, ich ganz allein! Irgendwohin!"

„Wohin willst du denn?", fragte Johannes.

„Das weiß ich eben nicht!"

Als die Maschine eingeräumt war, wusste ich es.

„Ich fahre nach Zürich! Zwanzig Jahre lang bin ich nicht in Zürich gewesen! Drei Jahre habe ich damals in Zürich studiert. Ich möchte meine alten Freunde und Lehrer besuchen und mit ihnen reden ..."

„Ja", sagte mein Mann, „das ist eine gute Idee! Ich könnte es einrichten, könnte ein paar Tage zu Hause arbeiten. Nächste Woche ginge es."

Und dann sitze ich in der Bahn. Es ist kein Traum. Die Landschaft gleitet an mir vorbei, ich habe die Rückfahrkarte Hamburg–Basel–Zürich in der Tasche. Die Felder sind abgeerntet und umgepflügt, das Land ruht sich aus. Die Farben verhalten: braun, schwarz und ocker. Nur die Buchen noch goldgelb; da, wo die Sonne den Dunst durchdringt. Wie erholsam. Ich lehne mich zurück und lege das Strickzeug beiseite.

Ich wollte ja einmal nicht arbeiten. Die Birnen aus der Plastiktasche biete ich den Mitreisenden an. Sie nehmen eine und essen, wie selbstverständlich. Der alten Dame helfe ich beim Kreuzworträtsel. Gebirge mit drei Buchstaben ist meine Spezialität. (Und ich denke daran, wie ich über die Ausläufer des Ida-Gebirges auf Kreta fuhr.) Aber leider kommt es nicht vor. Es ist gar nicht so leicht, nichts zu tun, wenn man sonst sehr viel tut. Ich schließe die Augen und versuche zu beten, aber meine Gedanken schweifen immer wieder ab. Ob es recht war, einfach so wegzufahren? Vier ganze Tage? Mein Herz ist unruhig wie ein See, auf dem Wellen sind, in dem der Himmel sich nicht spiegeln kann.

Als ich ankomme, ist es in Zürich dunkel und kalt. Meine Freundin holt mich ab. Sie hat zu Hause ein Essen vorbereitet. Wir essen und reden, und ich bleibe die erste Nacht bei ihr.

Als wir den Morgenkaffee trinken, kann ich langsam glauben, dass ich in Zürich bin. Der Kaffee schmeckt anders. Und die ganze Stadt riecht anders. Die Geräusche sind anders. Es gibt noch Straßenbahnen, die quietschen, und an den Ecken Maroni-Männer, die Esskastanien über Holzkohle rösten.

Ich gehe zu Fuß den ganzen Tag, ich möchte alle Wege einmal wieder gehen: an der Limmat entlang, über die Großmünsterbrücke und an den See. Vom Bellevue-Platz fährt die blaue Straßenbahn zur Universität und dann weiter auf den Zürichberg. Wie oft bin ich diese Strecke gefahren. Aber heute will ich gehen.

Als ich vor der Uni stehe, zögere ich, hineinzugehen. Es ist dasselbe Gebäude, aber nun fremd und gleichgültig. Wie früher gehe ich durch die Mitteltür, die sich immer noch schwer öffnen lässt, die breite Steintreppe hinauf zum Audimax, es ist gerade Pause. Der Innenhof mit Palmen und Philodendron wie damals, aber jetzt kenne ich niemanden, und keiner kennt mich. Ich kann wieder gehen.

Draußen neben der Uni ein Plakat: „Kinder brauchen Zuneigung." Sicher, denke ich, und die haben sie ja auch! Weiter unten das Kunsthaus dann und vor der Bank ein neues Plakat: „Kinder brauchen Geborgenheit!" Obwohl es eine Werbung für das Anlegen von Sparbüchern ist, legt es sich mir wie Mehltau auf die Seele. Ich weiche aus und gehe hinüber zum Schauspielhaus. „Stella" wird gespielt, zum letzten Mal. Und neben dem Eingang ein Postkartenständer: „Kinder aus aller Welt sehen dich an."

Das ist nicht fair, denke ich, ich habe sie ja nicht für immer verlassen, sondern nur für vier Tage, und ihr Vater sorgt für sie. Er wird Eis und Pommes frites kaufen und alles, was sich leicht kochen lässt. Sie haben es viel besser! Sie werden es genießen. Und ich will meinen Tag genießen.

In den Pappkartons vor dem Buch-Antiquariat stehen Taschenbücher, fest eingeklemmt. Wahllos ziehe ich eines heraus: Heinrich Verdenmeiler, Dein Gewissen reist mit.

Schnell gehe ich weiter und beginne zu ahnen, was Verfolgungswahn sein könnte, als sich, wie zum Trost, ein großer schwarzer Hund zu mir gesellt. Wie aus dem Nichts taucht er auf und bleibt an meiner Seite. Er glaubt nicht, dass es in meiner Tasche außer Eukalyptusbonbons nichts Essbares gibt. Aber weil mir seine Gesellschaft gut tut – ich bin es nicht gewohnt, so ganz allein zu sein – gehe ich in einen Laden und kaufe ihm trockene Kekse, für meine Freundin ein paar Weintrauben. „Nächstes Mal", sagt der Mann, „lassen Sie den Hund bitte draußen!" Ich verspreche es.

In der ganzen Münstergasse und Niederdorfstraße riecht es nach Hackbraten und Spaghettisoße. Ob er deswegen die Kekse nicht frisst? An einer Ecke verabschiedet er sich. Er geht so selbstverständlich, wie er gekommen ist.

Am nächsten Tag bin ich bei einem früheren Lehrer zum Mittagessen eingeladen. Eine halbe Stunde fahre ich mit der Vorortbahn am Zürichsee entlang. Als der Zug hält, sehe ich ihn auf dem Bahnsteig stehen. Ich habe ihn sofort erkannt und winke. Wir gehen den Hang hinauf zu seinem Haus. Er erzählt von seiner Arbeit an einem Aufsatz, und später dann im Haus reden wir von alten Zeiten, von Seminaren und Bergtouren, auch von seinen Töchtern.

„Die älteste", sagt er, „hat vor vier Jahren ihren Mann verloren und jetzt einen ihrer drei Söhne durch einen Verkehrsunfall. Es ist schwer. Sehr schwer. Wir besuchen sie oft und bleiben immer ein paar Tage." Er erzählt von seinen Amerikareisen und den

Vorlesungen dort, er fragt und hört, was ich erzähle. Seine Frau hat inzwischen für uns gekocht.

Als wir uns setzen, sagt er als Tischgebet:

> „Lass uns in dem, was du uns gibst,
> erkennen, Herr, dass du uns liebst."

Darin war alles eingeschlossen.

Nach Kaffee, Kirsch- und Maronitörtchen verabschiede ich mich. Er begleitet mich zur Bahn; wir machen einen Umweg über den Bergrücken. Die Sonne ist fast noch warm, und der See, in Dunst gehüllt, glänzt im frühen Nachmittagslicht. Ich werde mit dem Schiff zurückfahren. Er trägt die braune Plastiktasche mit Büchern und Kommentaren, die er mir geschenkt hat, und während wir so gehen, reden wir, ein paar Brocken nur, von dem, was uns wichtig ist.

Ich danke ihm: „Ich war gern bei Ihnen, aber jetzt fahre ich auch gern wieder nach Hamburg."

„Städte", sagt er, „sind eigentlich alle gleich. Mit Mauern kann man nichts anfangen. Die Menschen, die man liebt, machen den Unterschied. Und all das, was Gott gibt. Gute Reise!"

Quellenangaben

Zitate sind mit freundlicher Genehmigung der Verlage folgenden Büchern entnommen:

Dietrich Bonhoeffer, Illegale Theologenausbildung: Sammelvikariate 1937-1940. © Gütersloher Verlagshaus, Gütersloh, in der Verlagsgruppe Random House GmbH.

Gerhard Ebeling: Vom Gebet. Predigten über das Unser-Vater.
J. C. B. Mohr (Paul Siebeck), Tübingen 1965.

Karl Rahner: Von der Not und dem Segen des Gebetes, in: Beten mit Karl Rahner (Kassette) © Verlag Herder GmbH, Freiburg i. Br. 2004, S. 109-110 (Auszüge)

Antoine de Saint-Exupéry: Der Kleine Prinz. © 1950 und 2008 Karl Rauch Verlag, Düsseldorf.

Jörg Zink, „Ich will Gott preisen Tag für Tag ...", Psalm 34, aus: Ders., Womit wir leben können. Das Wichtigste aus der Bibel. Für jeden Tag des Jahres ausgewählt und neu übertragen. © Kreuz Verlag in der Verlag Herder GmbH, Freiburg i. Br. 22011, 7. Juli

Jörg Zink, „Gott hat euch zu seinen Heiligen und Geliebten erwählt ...", Kolosser 3,12-17, aus: Ders., Womit wir leben können. Das Wichtigste aus der Bibel. Für jeden Tag des Jahres ausgewählt und neu übertragen. © Kreuz Verlag in der Verlag Herder GmbH, Freiburg i. Br. 22011, 28. April

Herr mein ganzes Leben, Originaltitel: Father I Adore You
Text & Melodie: Terrye Coelho, Dt. Text: Klaus Heizmann
© 1972 CCCM Music/Maranatha! Music
Für D, A, CH: Small Stone Media Germany, Köln